Andreas Prauschke

Ethernet Network- to Network Interconnection (E-NNI)

IGEL Verlag

Prauschke, Andreas

Ethernet Network- to Network Interconnection (E-NNI)

1. Auflage 2009 | ISBN: 978-3-86815-153-4

© IGEL Verlag GmbH , 2009. Alle Rechte vorbehalten.

Die Deutsche Bibliothek verzeichnet diesen Titel in der Deutschen Nationalbibliografie. Bibliografische Daten sind unter http://dnb.ddb.de verfügbar.

Dieses Fachbuch wurde nach bestem Wissen und mit größtmöglicher Sorgfalt erstellt. Im Hinblick auf das Produkthaftungsgesetz weisen Autoren und Verlag darauf hin, dass inhaltliche Fehler und Änderungen nach Drucklegung dennoch nicht auszuschließen sind. Aus diesem Grund übernehmen Verlag und Autoren keine Haftung und Gewährleistung. Alle Angaben erfolgen ohne Gewähr.

IGEL Verlag

Inhaltsverzeichnis

Abbildungsverzeichnis	IV
Tabellenverzeichnis	VI
1. Einleitung: Überblick über Network to Network Interconnects	**1**
2. Technische Grundlagen zum Ethernet- Protokoll	**6**
2.1 Grundlagen zu lokalen Netzen (LAN)	6
2.1.2 Das „Virtuelle LAN" (VLAN) nach IEEE 802.1 Q	8
2.1.3 Hierarchisches Ethernet mit IEEE 802.1ad und 802.1ah	11
2.2 Grundlagen zu Weitverkehrsnetzen (WAN): die VPNs	14
2.3 Gründer und Reformer: das Metro Ethernet Forum (MEF)	16
2.3.1 Der Anfang: das Carrier Ethernet	17
2.3.2 Die Schnittstelle zwischen LAN, MAN und WAN: E- NNI	19
2.3.2.1 Kontroll-, Daten- und Management- Ebene	23
2.3.2.2 UNI- Typen	25
2.3.2.3 Ethernet Virtual Connection (EVC)	27
2.3.2.4 EVC- Service Typen (E- LINE, E- LAN, E- TREE)	28
2.3.2.5 Ethernet Service Attribute für die UNI und EVC	32
2.3.3 Service Attribute der Schnittstelle E- NNI	41
3. Technische Grundlagen zu Ethernet NNIs (E- NNI)	**43**
3.1 Kommunikation in Netzen	43
3.2 Der Ethernet- Handoff	45
3.3 Layer 0: Optischer WDM Tunnel	48
3.3.1 WDM Architektur	49
3.3.2 WDM Techniken	49
3.3.3 Grobes und dichtes Wellenlängenmultiplex	50
3.3.4 DWDM über CWDM	51
3.4 Layer 1: SONET/SDH Tunnel	51
3.4.1 Ethernet Transporttechniken	55
3.4.1.1 Generic Framing Procedure (GFP)	55
3.4.1.2 Link Capacity Adjustment Scheme (LCAS, ITU- T G.7042)	55
3.4.1.3 Virtuelle Verkettung (VCAT)	55
3.4.2 Ethernet Private Line (EPL)	56
3.4.3 SDH Tunneltechniken	57

3.5 Layer 2: Ethernet Tunnel 58
    3.5.1 VLAN Tunnel 59
    3.5.2 Provider Backbone Transport (PBT) mit IEEE 802.1 ah 59
3.6 Layer „2,5": MPLS Shim- Layer und Layer 3 Tunnel 60
    3.6.1 G- MPLS für den Layer 1, 2 und 3 63
    3.6.2 Signalisierungsprotokolle/ Tunnelaufbau 65
        3.6.2.1 LDP und CR- LDP (Label- Distribution- Protocol) 65
        3.6.2.2 RSVP / RSVP- TE 65
3.7 Layer 3: Pseudowire Tunnel 66
3.8 Zusammenfassung der verschiedenen Tunneltypen und Exkurs Level (3) ... 69

4. Das bisherige Produkt: VPNs mit verschiedenen Layeralternativen 72
4.1 VPN Grundlagen 72
4.2 Layer 1– VPN 73
4.3 Layer 2- VPNs 74
    4.3.1.1 E- LINE 75
    4.3.1.2 P2P- EVPL: Multiplexed Punkt- zu- Punkt- VPN 75
    4.3.1.3 P2P - Ethernet Internet Access 75
    4.3.1.4 P2P- Ethernet Access to IP VPN 76
    4.3.2 Mehrpunkt VPNs: das VPLS 76
4.4 Layer 3 VPNs 78
4.5 Fazit zu VPNs 79

5. Die Vision: VPNs auf Layer 2 ohne IP – das „native Ethernet" 81
5.1 Stärkung Ethernet zur Nutzung im WAN: Quality of Service 81
    5.1.1 Performance Attribute der Quality of Service (QoS) 83
    5.1.2 Voraussetzungen bei der Übertragung zwischen Netzen: Standards der OAM- Gremien 86
    5.1.3 L1 QoS bei GMPLS und SDH 86
    5.1.4 "L 2,5" MPLS- OAM 87
5.2 Reine Ethernet Interconnects 88
5.3 „Gemischte" bzw. kombinierte Ethernet Interconnects 90
    5.3.1 L1 NNI via SDH 90
    5.3.2 „L2,5"- MPLS- NNI / Pseudowire - NNI 92
    5.3.3 MPLS Pseudo- Wire Switching Modell 93
    5.3.4 Alle Interconnects integriert auf dem Layer 0/1: G-MPLS und DWDM ... 94
    5.3.5 Universelles Bindeglied für Multilayer stacks 95

5.4 Betriebsprozesse bei Interconnects	97
5.4.1 Beschreibung des E-TOM Prozess- Framework	97
5.4.2 Typische Betriebsprozesse beim Interconnect	98
6. Fazit	**102**
Anhang	**104**
Literaturverzeichnis	**105**

Abbildungsverzeichnis

Abbildung 1:	Ethernet Transport Protokolle	3
Abbildung 2:	Netzwerk-Basisarchitektur zur Aktivierung von Ethernet Services	4
Abbildung 3:	Datenkommunikation über verschiedene Schichten	7
Abbildung 4:	Das Brücken- basierte LAN auf der Sicherungsschicht nach IEEE 802.1 D	8
Abbildung 5:	LANs und VLANs und ihre physischen Grenzen	8
Abbildung 6:	VLANs sind nicht auf physische Standorte bbeschränkt	9
Abbildung 7:	Der Ethernet Rahmen vor und nach dem VLAN- Tagging	10
Abbildung 8:	Das Q-in-Q Prinzip	12
Abbildung 9:	Tunneling von Ethernet auf dem Layer 2	13
Abbildung 10:	Evolution der Ethernet- Hierarchie	14
Abbildung 11:	Tunnel Referenzmodell	15
Abbildung 12:	MEN Referenz Modell	17
Abbildung 13:	Beispielhafte Zerlegung des MEN in das Schichtenmodell und Protokollstapel	18
Abbildung 14:	Das technische MEF Commitee (Stand: Januar 2008)	19
Abbildung 15:	Die logische Netzwerk- zu Netzwerk- Schnittstelle (E-NNI)	20
Abbildung 16:	Die Benutzerschnittstelle UNI und das MEN Referenzmodell	21
Abbildung 17:	Metro Ethernet Netzwerk Architektur Rahmenwerk	21
Abbildung 18:	Das UNI – Rahmenwerk	23
Abbildung 19:	MEF- E-NNI Modelling	24
Abbildung 20:	Relationship between the UNI Reference Model and the MEN Functional Components	25
Abbildung 21:	Standarisierte Layer 2 Kontroll- Protokolle	27
Abbildung 22:	Ethernet Virtuelle Verbindungs- Dienst- Typen (EVC)	29
Abbildung 23:	Punkt- zu Punkt- EVCs	29
Abbildung 24:	Multipoint-to-Mulitpoint EVC	31
Abbildung 25:	Definition des Ethernet Service Rahmenwerks	32
Abbildung 26:	Bandbreitenprofile nach MEF10	34
Abbildung 27:	Bandbreitenprofile für eine EVC	34
Abbildung 28:	Überblick über die UNI- und EVC- Service Attribute	40
Abbildung 29:	Circuit- und Paket- geswitchte Netzwerke	45
Abbildung 30:	„Architektur- Vision"	46
Abbildung 31:	Optische Fenster	48

Abbildung 32: IP über OTN (engl. Optical Transport Network) — 50

Abbildung 33: Das Netzwerk und das Protokollmodell für den Layer 1 — 53

Abbildung 34: VCAT Mechanismus — 56

Abbildung 35: EPL Architektur — 57

Abbildung 36: Tunneling von Ethernet auf der Schicht 2 — 59

Abbildung 37: Ethernet Frame Payload Kapselung — 61

Abbildung 38: Shim- Header im MPLS- Rahmen — 62

Abbildung 39: Hierarchische LSPs mit Interconnects auf Basis von „generellen Labels" — 63

Abbildung 40: MPLS-based Ethernet Port Mux – PP Multi-hop – Control Plane & InterFaces — 64

Abbildung 41: Ethernet (Schicht 2) Tunneling auf dem Layer 3 — 68

Abbildung 42: Das Tunneling-Prinzip bei der Datenübermittlung über ein MPLS-Netz — 68

Abbildung 43: Ausfall- Szenario eines mit RSVP ausgestatteten MPLS- Knoten — 70

Abbildung 44: Vom Provider bereitgestellte VPNs (PPVPNs) — 72

Abbildung 45: Tunnelkonfigurationen (Host = UNI- C, Gateway = UNI – N) — 73

Abbildung 46: Ethernet Dienste Topologie — 74

Abbildung 47: MEF Service Terminology — 74

Abbildung 48: Hierarchischer VPLS Ansatz mit Hub- and Spoke — 78

Abbildung 49: Ethernet- OAM Standards bzw. Spezifikationen — 86

Abbildung 50: 802.1 ag Ethernet OAM (802.1ag) im MEN mit MPLS — 87

Abbildung 51: 802.1 ad Q- in- Q – NNI — 88

Abbildung 52: PBB 802.1 ah MAC- in- MAC – NNI — 88

Abbildung 53: Hybride Multi- Dienst Transport Lösung — 89

Abbildung 54: Varianten für ein hierarchisches und hybrides Ethernet- LAN — 90

Abbildung 55: Verwendung der OIF UNI 2.0 Schnittstelle für eine GE-Verbindung über SDH — 92

Abbildung 56: Das Pseudowire- Switching Modell — 94

Abbildung 57: Das MIB – Schichtenmodell — 96

Abbildung 58: Der Blick auf „Level 2 Prozesse" des eTOM Framework — 98

Abbildung 59: Ethernet Virtual Privat Line (EVPL) - Angebotserstellung — 100

Abbildung 60: MPLS Netzwerk- Lebenszyklus — 101

Tabellenverzeichnis

Tabelle 1:	Überblick über die Funktionalitäten des Uni- Typs 2.1 und 2.2	26
Tabelle 2:	Standardisierte Layer 2 Kontroll Protokolle (L2CP)	37
Tabelle 3:	Übersicht über E- NNI Serviceattribute	41
Tabelle 4:	Tunnelprotokolle	43
Tabelle 5:	Überblick über Ethernet- Handoff- Varianten	47
Tabelle 6:	Standards im Zusammenhang mit Pseudowires	69
Tabelle 7:	VPLS Standards	78
Tabelle 8:	MPLS OAM Attribute	87
Tabelle 9:	Überblick über RFS	93
Tabelle 10:	Überblick über G- MPLS Ansätze	95

1. Einleitung: Überblick über Network to Network Interconnects

„Das Ethernet Protokoll, eine auf Rahmen (engl. Frame) basierte Computer Netzwerk Technologie für lokale Netze (engl.: *Local Area Networks* (LANs)), ist wegen seiner Einfachheit und Flexibilität das meist verbreiteste Protokoll für Unternehmensnetzwerke" [FROS97, S. 2-2].

„Das Metro Ethernet Forum (MEF) ist eine gemeinnützige Organisation, die gegründet wurde, um die weltweite Einführung von optischen Ethernet in Metronetzen zu beschleunigen [[IHLE05] „Zu Beginn des MEF bestand die Herausforderung darin, Ethernet von den Grenzen des Local Area Networks zu befreien". Das MEF definierte deswegen den Standard „Carrier Ethernet" und bietet ein Zertifizierungsprogramm an. Carrier Ethernet soll die Lücke zwischen LANs und WANs (engl.: *Wide Area Network*) schließen. Unternehmen können aufgrund dieser Entwicklung in Zukunft billigere Bandbreiten mit höheren Geschwindigkeiten kaufen. Der große Vorteil besteht darin, dass nur noch ein Protokoll für alle „Stufen" eines Netzes d.h. für das LAN, für das *Metropolitan Area Network* (MAN) und für das Weitverkehrsnetz (WAN) benötigt wird, wodurch die Carrier die Netzabdeckung erweitern können. Dadurch fallen geringere Kosten für die Anschaffung und den Betrieb an (vgl. [IHLE05], [BOTT01]).

Die vom MEF definierte *Ethernet- Netzwerk- zu- Netzwerk Verbindung* bzw. Schnittstelle (Ethernet- Network- to- Network Interconnect (E-NNI)) ermöglicht eine *Ende- zu- Ende Verbindung* vom LAN über das MAN zum WAN hin zu einem entfernt gelegenen MAN bzw. LAN auf Ethernet- Basis.

Die Ethernet- Schnittstelle basiert auf sogenannten *Ethernet- Rahmen*, die wiederum als Transport- (engl. *Carrier*) Dienste fungieren. Ein Beispiel hierfür sind etwa die vom MEF definierten *E- LINE* und *E- LAN* sowie *E- TREE Dienste*. Sie gestatten einen Austausch zwischen zwei oder mehreren Kunden- Standorten.

Die Carrier- Ethernet- Dienste können durch verschiedene Technologien bereitgestellt werden. Zu diesen Carrier- Ethernet- Diensten zählen gemäss des MEF:

- der Zugang zu Diensten auf höher gelegenen Schichten, wie IP- VPN und Internet/ Intranet Zugang,

- die Herstellung von E- Line Diensten d.h *Punkt- zu- Punkt und Punkt- zu- Mehrpunkt – Verbindungen*, wie LAN- Brücken (engl. *Bridging*) oder LAN- Erweiterungen (engl. *Extensions*),

- die Herstellung von E-LAN Diensten, d.h. *Mehrpunkt- zu- Mehrpunkt Verbindungen* für transparente LANs sowie virtuelle private LAN Dienste (VLANs) (vgl. [BOTT08]),
- E- Tree für *Punkt zu Mehrpunkt* Verbindungen in Form einer *Hub- und Spoke* Technik
- die Bündelung von oben genannten Zugängen und Diensten
- der Transport von Ethernet im WAN (vgl. [FROS97, S. 1-1 und 2-2]).

Das renommierte Marktberatungs- und Marktforschungsunternehmen „Frost und Sullivan" erwartet in Folge von

- bandbreitenhungrigen Anwendungen in der Geschäftswelt sowie
- der Migration zur nächsten Generation der Netzwerke (engl. *Next- Generation Networks* (NGNs)) basierend auf IP/MPLS und Ethernet

im Einzel- sowie im Großhandel (engl. *Wholesale*) ein Marktpotential für Ethernet- Dienste in Europa in Höhe von 4,83 Billionen Euro im Jahr 2012. Die jährliche Marktwachstumsrate wird vom Basisjahr 2005 ausgehend auf 28% geschätzt; wobei die Umsatzsteigerung durch den Wettwerb und den Preisdruck abgeschwächt sein wird. Wer als Anbieter auf dem Markt im Preiskampf bestehen will, wird nicht daran vorbeikommen, Mehrwertdienste und eine breite Palette an Funktionalitäten für Ethernet basierende Dienste anzubieten" (vgl. [FROS97, S. 2-3 und S.2-4]).

Tatsache ist es, dass der Kunde, der Ethernet Services in Anspruch nimmt, für den Zugang zum Port zahlen wird, sowie für den Bandbreitendurchsatz und die Distanz (vgl. [FROS97, S. 4-3]).

In Folge der technischen Evolution, müssen sich Anbieter (engl. *Carrier*) neben dem Wandel hin zur „nächsten Generation von Netzwerken" (NGNs)) auch mit unterschiedlichen Technologien beschäftigen, über welche die Ethernet- Dienste transportiert werden können. Ein weiteres Thema, mit dem es sich auseinanderzusetzen gilt, sind die Schwächen des Ethernet- Protokolls. Gefordert werden in diesem Zusammenhang zwingend einzuhaltende Qualitätsvereinbarungen (engl. *Service Level Agreements* (SLA´s)), *Ende- zu- Ende SLA´s*, Priorisierungsverfahren (engl. *Class of Services* (CoS)) und *Mehrwertfunktionen*" (vgl. [FROS97; S. 3-9]). „Damit Ethernet der Anwendung im WAN gerecht werden kann, sind Skalierbarkeit, Zuverlässigkeit, Service-Management, standardisierte Dienste und QoS die Voraussetzung" [GERM07, S.1].

In dieser Untersuchung wird die Übergabe der Ethernet-Dienste, die sich in den Ethernet- Rahmen wiederfinden sowie der Transport dieser Ethernet Rahmen als „**Ethernet Handoff**" bezeichnet. Für den Ethernet- Handoff gibt es verschiedene Transportvarianten bzw. Technologien. Jede **Transport**technologie nutzt dabei andere Mechanismen, um Ethernet Dienste in Form von virtuellen Verbindungen zu transportieren bzw. herbeizuführen (vgl. folgende Abbildung)

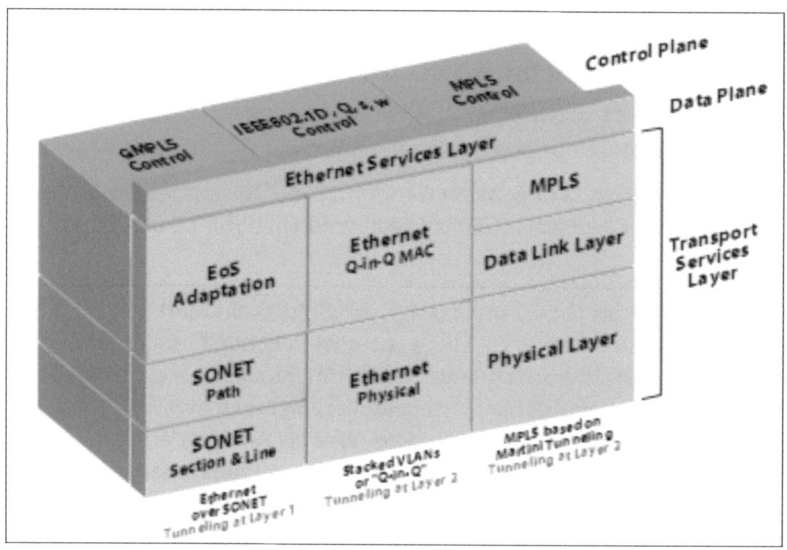

Abbildung 1: Ethernet Transport Protokolle [FUJI04]

Der Ethernet Handoff kann entweder in Naturform, d.h. via Ethernet-Protokoll, im Folgenden „*Native Ethernet* genannt", oder durch andere Transporttechnologien und Mechanismen vollzogen werden, um Ethernet im Weitverkehrsnetz zu übertragen. Diese Transport- Dienst- Schichten werden im Folgenden als „*Underlying Technologies*" (deutsch: zugrunde liegende Technologien) bezeichnet. Der „Ethernet Handoff" kann somit durch Underlying Technologies im WAN vollzogen werden. Technisch gesehen nutzen die Underlying Technologies sogenannte Tunnel, um im WAN den Ethernet- Handoff zu ermöglichen.

Die großen Anreize für Ethernet- Dienste bestehen in der Felixibilität in der Bandbreitenanpassung und im kostengünstigen Einsatz der Ethernet-Technik. Ziel des einheitlich aufgebauten „Paket- geswitchten Netzwerks" (*engl. Paket Switched Network* (PSN)) ist es, neben der Integration von Datendiensten auch die Migration von zeitgeschachteltem (engl. *Time Division Multiplex* (TDM)) Verkehr, wie etwa Sprachdiensten und gemieteten Standleitungen (engl. *Leased Line*) durch emulierte verbindungsorientierte (engl. *Connection- Oriented* (CO)) virtuelle Verbindungen (engl. *Circuit Emulated Services* (CES)) zu ermöglichen (vgl. [MEF3]), [ABRA06], [BAR_04]).

Die folgende Abbildung gibt eine Übersicht über die Netzwerk Basisarchitektur, mittels derer Ethernet Services aktiviert werden. Im inneren Kern der Abbildung werden die Transporttechniken C/D- WDM, SDH, Ethernet und IP/MPLS aufgezählt, die den Ethernet- Handoff für die „Provider Dienste" ermöglichen. Die Tunnel- Transporttechniken der Underlying Technologies für den Ethernet Handoff werden in Kapitel 2 betrachtet.

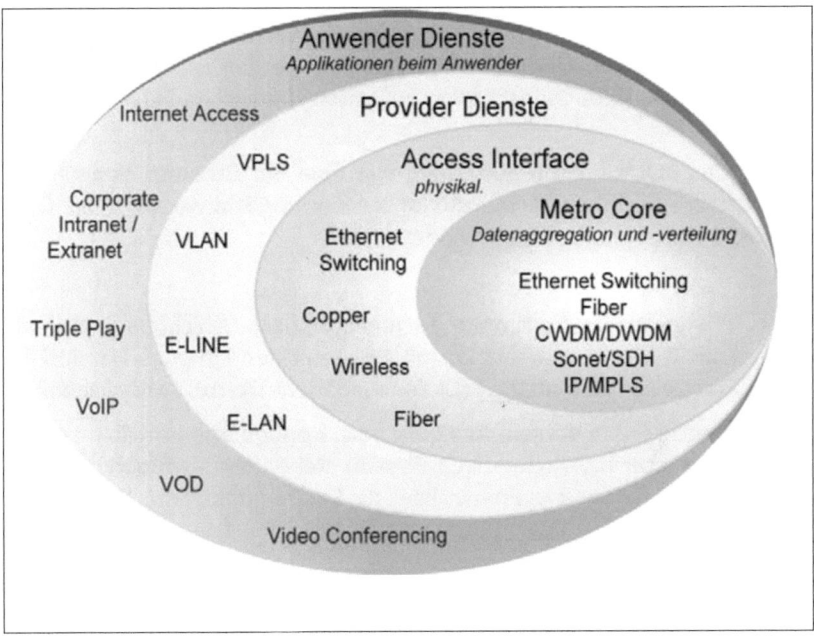

Abbildung 2: Netzwerk-Basisarchitektur zur Aktivierung von Ethernet Services [BAUE05]

Damit Ethernet- Dienste vom Carrier an Kunden bzw. an andere Carrier übergeben werden können, bedarf es eines präzise definierten Übergabepunktes – einer Schnittstelle, die vom MEF als Ethernet Netzwerk- zu-Netzwerk Schnittstelle" (engl. *Ethernet Network to Network Interconnection* (E- NNI)) definiert wurde.

Der Ethernet- Handoff übergibt die Ethernet- Dienste an diesem Übergabepunkt. Genauer betrachtet werden virtuelle Verbindungen übergeben. In diesen virtuellen Verbindungen sind die Ethernet- Service Rahmen enthalten, die im Folgenden an das nächste Netzwerk weitergeben werden sollen. Die E- NNI übernimmt hier die Kommunikation zwischen diesen Netzwerken

Für die Realisierung dieser Ethernet- Schnittstelle und der über sie laufenden virtuellen Verbindungen (engl. *Ethernet Virtual Connection* (EVC)), bedarf es einer Reihe von technischen Anforderungen in Form von Attributen (Eigenschaften) und Parametern (Werten). Es gibt zwei Oberkategorien für Attribute. Zum einen existieren Attribute für die Benutzer- Schnittstelle (engl. *User- Network Interface* (UNI)) und zum anderen für die EVC. Der Austausch dieser Attribute erfolgt durch das Ethernet- Protokoll mittels der Dienst- Rahmen (engl. *Service Frames*). Die Verbindung zwischen Netzwerken wird im Folgenden *E- NNI* bzw. vereinfachend *Interconnect* genannt. Über den Interconnect, werden Ethernet- Dienste „gefahren". Der Interconnect kann auf unterschiedlichen Schichten vollzogen werden.

Diese Untersuchung soll aufzeigen, wie eine auf Ethernet basierende Schnittstelle für Ethernet- Dienste im WAN ermöglicht werden kann. Dabei werden drei Fragen immer wieder gestellt:

- Wie kann eine bestimmte Technologie bzw. Schichten- Protokoll alleine oder in Kombination mit anderen einen Ethernet- Handoff in Form einer Verbindung (VC/ Kennung/Identifikator) ermöglichen?
- Welche (kompatiblen) Attribute bzw. Konfigurationsattribute oder Parameter bzw. operativen Ebenen stehen zur Verfügung, damit man sie für Service- Frames bzw. die E- NNI nutzbar machen kann?
- Welche Vorteile oder Nachteile existieren? Wo gibt es Überschneidungen?

2. Technische Grundlagen zum Ethernet- Protokoll

In diesem Kapitel werden die Grundlagen des Ethernet Protokolls erläutert. Des Weiteren wird aufgezeigt, wie virtuelle Netze aufgebaut sind und worin der Unterschied zwischen VLANs und VPNs liegt. Abschließend werden die Gründe aufgeführt, weshalb derer Ethernet bisher nicht als Weitverkehrsprotokoll in Weitverkehrsnetzen eingesetzt worden ist. Diese Grundlagen sind nötig, um zu verstehen, wie ein Zusammenschluss bzw. eine Schnittstelle von virtuellen Netzen auf Basis der Schicht 2 nach dem ISO/OSI Modell bzw. der Schicht 1 nach dem TCP/IP Modell möglich ist. Das Kapitel veranschaulicht, wie „virtuelle Weitverkehrsnetze" auf den ISO / OSI Schichten 1-3 realisierbar sind. Das Hauptaugenmerk dieser Untersuchung liegt in der Betrachtung der zweiten Schicht.

2.1 Grundlagen zu lokalen Netzen (LAN)

Der **Ethernet** Standard nach IEEE **802.3** ist ein Transportprotokoll, das dem ISO/OSI Modell und dem IEEE **802.1** Standard entsprechend auf der Media Access Control *(MAC) Schicht*, einer sogenannten Sicherungsschicht (engl. *Data- Link Layer*) arbeitet. Unter der MAC- Schicht ist ein paketbasierter Übertragungsmodus zu verstehen, der die Datenpakete, basierend auf Ethernet- Rahmen (Frames) mit einer minimalen Länge von 64 Byte (bzw. 512 Byte bei Gigbabit Ethernet[1]) und einer maximalen Länge von 1526 Bytes mittels MAC- Adresse weitergeleitet bzw. switcht (vgl. [PANZ06, S. 53]).

Die MAC-Schicht erfüllt drei zentrale Aufgaben: Erstens baut sie den Übertragungsrahmen auf, zweitens passt sie die Geschwindigkeitsstufen an und drittens greift sie auf tiefer liegende Schichten der physischen Übertragung zu (vgl. [SIKO02, S.10]).

Im Ethernet- Rahmen sind (IP-) Header und Nutzdaten aus höher gelegenen Schichten enthalten. In diesem Zusammenhang ist zu beachten, dass *Layer- 2 Switche* im Gegensatz zu einem *Layer- 3 Gerät*, wie etwa einem Router, nur Schicht 2 Informationen und nicht Schicht 3 Informationen, wie etwa die IP Adresse für Routinginformationen oder die Nutzdaten für höhere gelegene Schichten weiterverarbeiten können. In der folgenden Abbildung werden die Ethernet- Rahmen dargestellt, die durch die MAC- Layer geschaffen werden.

---

[1] Die minimale Rahmenlänge beträgt bei Gigabit Ethernet 512 Byte [BECK03, S. 76]; [WANG, S. 36].

Dieser Vorgang wird anhand der Netzwerkschicht im TCP/IP Modell dargestellt.

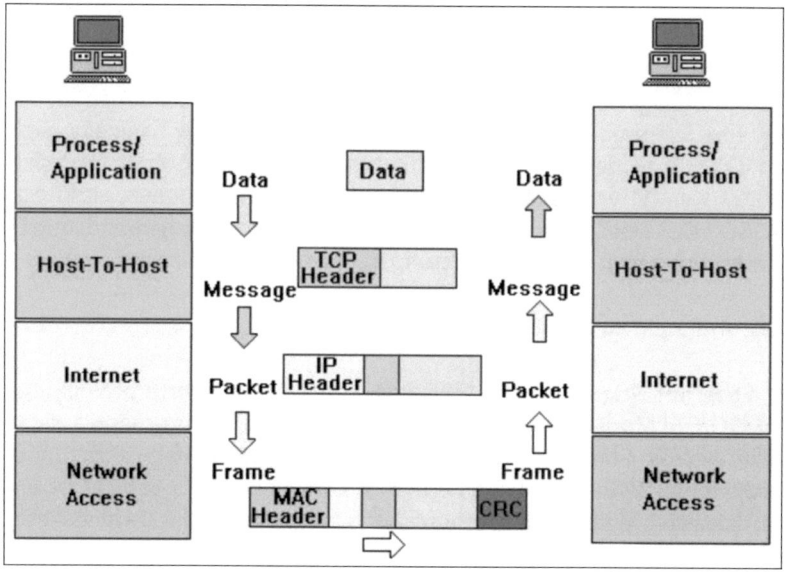

Abbildung 3: Datenkommunikation über verschiedene Schichten [PLAT03, S.57]

2.1.1 Bridging und Switching nach IEEE 802.1 D bzw. IEEE 802.1 Q

Switche kennen den Weg vom Sender zum Empfänger, weil sie die Topologie des Netzes „lernen" (vgl. [SCHU03]). Aus diesem Grund ist der „Layer 2 Switch" in der Lage, mittels der MAC- Adressen die Ethernet- Rahmen an den oder die Empfänger weiterzuleiten. Dies geschieht auf Basis des Spanning Tree Protokolls, kurz STP, das in Verbindung mit sogenannten MAC- Brücken gemäß des IEEE 802.1 D Standards arbeitet und dafür sorgt, den optimalen Weg in einer komplexen Topologie zu bestimmen und dies möglichst schnell (vgl.[SCHU03]).

Wie eine derartige Mac–Brücke im lokalen Netz aussieht, veranschaulicht die folgende Abbildung:

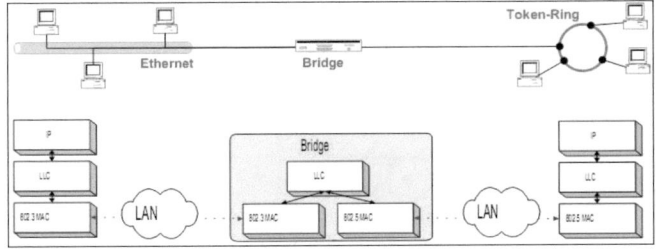

Abbildung 4: Das Brücken- basierte LAN auf der Sicherungsschicht nach IEEE 802.1 D [EMPS06]

2.1.2 Das „Virtuelle LAN" (VLAN) nach IEEE 802.1 Q

„Ein Virtual LAN unterteilt ein Netzwerk in abgeschirmte Segmente und sorgt so für mehr Sicherheit. Die Teilnehmer eines Segments können sich dabei an beliebigen Orten im physikalischen LAN befinden" [EMPS06; S.1]. Das VLAN wird, wie in den beiden folgenden Abbildungen zu sehen ist, über eine Erweiterung des lokalen Netzwerks (LAN) realisiert (vgl. [ZÖNN05, Kap. 6]).

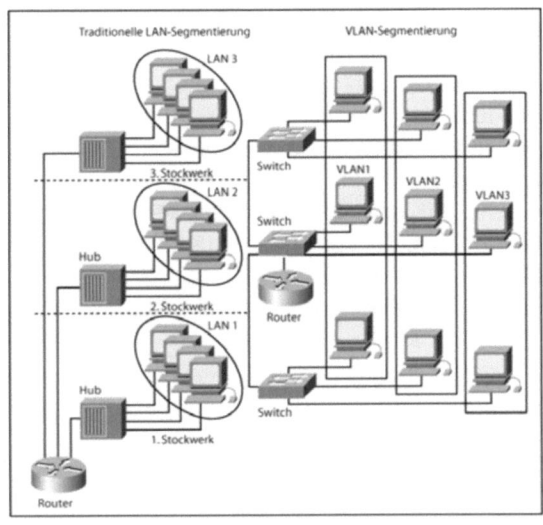

Abbildung 5: LANs und VLANs und ihre physischen Grenzen [EMPS06]

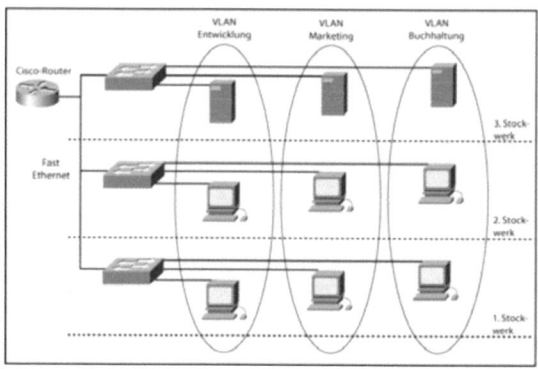

Abbildung 6: VLANs sind nicht auf physische Standorte beschränkt [EMPS06]

Mit der Einführung des Virtuellen LANs (VLAN) auf dem MAC- Layer gemäß des IEEE 802.1Q Standards sind die Grundbausteine für virtuelle Brücken gelegt worden. Der Switch fügt zu diesem Zweck für jeden übertragenen Rahmen einen *VLAN- TAG* in den *Ethernet Header* ein. Der Begriff VLAN- TAG steht für eine 16 Bit lange Markierung, die unter anderem die *VLAN- ID* enthält[2] „Dadurch kann eine **logische Gruppierung beliebiger Endgeräte**" erstellt werden, „die sich eine mit Brücken aufgebaute physikalische LAN Infrastruktur teilt" [EPPE96, Kap. 2.1].

Der VLAN-Tag ist in der Lage, auf der Schicht 2 eine Unterscheidung der verschiedenen VLANs vorzunehmen. „Dies wiederum ermöglicht ein datenbankbasiertes Management von Netzen, die nicht physisch verändert werden müssen, sobald ein Teilnehmer an einen anderen Port oder an einen anderen Switch umzieht. Mit Hilfe der Datenbank wird das angeschlossene Gerät anhand seiner MAC-Adresse erkannt und der Port dementsprechend konfiguriert. „Auf diese Weise erstellte VLANs sind dynamisch und anpassungsfähig, da eine direkte physikalische Zuordnung an einen Port nicht nötig ist" [SPRE07, S. 28].

Die VLAN- ID erlaubt die Erstellung von 4096 VLANs pro Switch. Das im 802.1 Q Rahmen enthaltene *Prioritätsbit* nach IEEE 802.1p veranlasst eine Priorisierung der Rahmen (vgl. [JAHN04 S. 17]). Eine derartige Einstufung der Rahmen bzw. der Rahmenflüsse nach Prioritäten wird Class- of Service (CoS) genannt (vgl. [RIGG05], [SKOO02]). CoS darf nicht mit Dienstgü-

---

[2] Dieser Mechanismus wird *Frame Tagging- Mechanismus* oder auch *VLAN- Tagging* genannt. Jedem Rahmen wird dabei ein Tag angeheftet, der die Zugehörigkeit zu einem bestimmten VLAN angibt [EPPE96, Kap. 3.3.2].

te, d.h Quality of Service (QoS) verwechselt werden[3] (vgl. [DETK01]). Die untenstehende Abbildung 4 gibt einen Überblick über die Struktur der Ethernet Rahmen vor und nach dem VLAN-Tagging. Im roten Feld werden das Prioritätsbit sowie die VLAN- ID veranschaulicht[4].

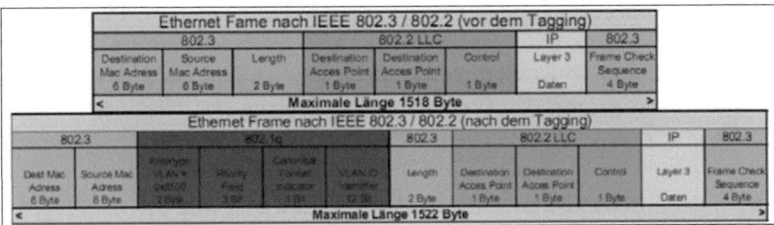

Abbildung 7: Der Ethernet Rahmen vor und nach dem VLAN- Tagging [MÜLL03]

Das VLAN (-Tag), das auch Q- TAG genannt wird, kann je nach Layer wie folgt konfiguriert werden (vgl. [MÜLL03, Kap. 2.1]):

- Layer 1: als physikalischer Port,
- Layer 2: als MAC- Adresse,
- Layer 3: als IP- Adresse.

Die Vornahme einer logischen Gruppierung durch die VLANs wirkt sich direkt auf die eingeschränkte *Broadcastdomäne* aus. Denn die VLAN-Implementierung sorgt dafür, dass alle Daten, auch Broad- und Multicasts, in einem virtuellen Netz bleiben und nicht in andere virtuelle Netze gelangen. Dabei reduziert sich die Anzahl der angeschlossenen MAC Adressen, die in einem VLAN- Segment *geflutet* werden müssten, sofern unbekannte Rahmen aus dem eigenen VLAN am Switch auftauchen würden[5]. „Innerhalb eines virtuellen Netzes werden die Daten *gebridged*; Routertechnik wird nur benötigt, wenn man verschiedene virtuelle Netze miteinander verbinden will" [EPPE96, Kap 2.1 und 3.1].

---

[3] CoS bedeutet, dass gleichartige Datenströme in einer Klasse zusammengefasst werden, denen das Netz eine bestimmte Dienstgüte zuordnet. Einzelne Sessions erhalten keine individuelle Quality of Service [DETK01].
[4] Die einzelnen Felder im Ethernet Rahmen sind in der Quelle [MÜLL03] aufgeführt.
[5] Die Problematik des Flutens bei größeren VLANs (engl. *Flooding*) kann durch hierarchische Ansätze gelöst werden (Stichwort Hub- and Spoke- Technik).

„Dies bedeutet, dass zwischen den Mitgliedern eines VLANs kein Routing notwendig ist, zwischen unterschiedlichen VLANs hingegen ist dies erforderlich. Die Kommunikation innerhalb eines VLANs über verschiedene Switche (verschiedener Hersteller) kann nur mittels des 802.1 Q- Tag Header ermöglicht werden[6] " [DETK05].

Die Adressierung des Empfängers erfolgt auf dem Layer 2 und 3 unterschiedlich. Auf der Schicht 2 besitzt das Native Ethernet keinen Einblick in das IP- Paket, mit dem ein Routing, also ein gezielter Adressierungsmechanismus durch IP- Adressen auf der Schicht 3 möglich wäre. Aus diesem Grund wird der Begriff Routing beim Native Ethernet nicht verwendet (vgl. [VILS06]).

2.1.3 Hierarchisches Ethernet mit IEEE 802.1ad und 802.1ah

Im folgenden Kapitel werden zwei Standards vorgestellt, die VLANs im Weitverkehrsnetz d.h über Netz Carrier (*Serviceprovider*) mit „Native Ethernet" ermöglichen. Der Ethernet- Handoff erfolgt in Form einer VLAN-Tunneltechnik. In einem zweiten Schritt werden verschiedene „Virtuelle Netze" erläutert, die sich über die eigene Netzwerkgrenze hinaus erstrecken.

Ethernet besitzt eine flache Netzadressierungsstruktur, also eine flache Hierarchie sowie eine geringe Skalierbarkeit.

Es gibt zwei sich entwickelnde Standards, die einen hierarchischen Ansatz unterstützen. Der erste, *IEEE 802.1ad Provider Bridges* (auch bekannt als *Q-in-Q* oder *VLAN-Stacking*), erweitert das ursprüngliche Konzept der VLANs. Die Erweiterung besteht darin, dass IEEE 802.1ad ein neues *Q-Tag* hinzufügt, das es dem Service-Provider gestattet, seine eigenen Tags zu verwalten und somit die individuellen Kundennetze zu identifizieren. Man bezeichnet diesen Tag als *Service Tag (S-Tag)*[7]. Der ursprüngliche Q-Tag hingegen wird genutzt, um VLANs innerhalb des Kundennetzes festzulegen. Man spricht hier von einem *Kunden Tag* (engl. Customer Tag (*C-Tag*)). Obwohl IEEE 802.1ad eine dreistufige Hierarchie unterstützt, kann der Service Provider nur 4094 Kunden-VLANs einrichten. Aus diesem

---

[6] Routing auf dem Layer 2 bedeutet ein Lernen der Topologie auf Basis von MAC-Adressen. Das Spanning Tree Protokoll baut in Form einer Baumstruktur die Topologie auf und verhindert Schleifenbildungen sowie die Auslieferung von doppelten Rahmen. „Die Umschaltzeiten auf redundante Netzwerkpfade liegen bei STP im oberen Millisekunden- bis Sekundenbereich und damit deutlich unter den in TK-Netzen üblichen 50ms".[SCHU03], [PILC06].

[7] vgl. [SANC07, S. 6-7]

Grund stößt IEEE 802.1ad bei großen Metro-Netzen oder regionalen Netzen schnell an seine Grenzen (vgl. [GERM07,S.1]).

„Dieser Standard kommt vor allem Netzbetreibern zugute, die ihr Netz an unterschiedliche Internet Service Provider ISPs vermieten und diese mittels dieses Verfahrens trennen können, was physikalisch in den seltensten Fällen möglich ist" [SPRE07, S.28].

In der Abbildung 8 wird ersichtlich, dass mit Hilfe des Q-in-Q Prinzips ein Tunnel durch fremde Netze gegraben wird. Dieser schafft die Grundlage für den Transport und Austausch der Ethernet- Rahmen und somit auch der Ethernet Dienste.

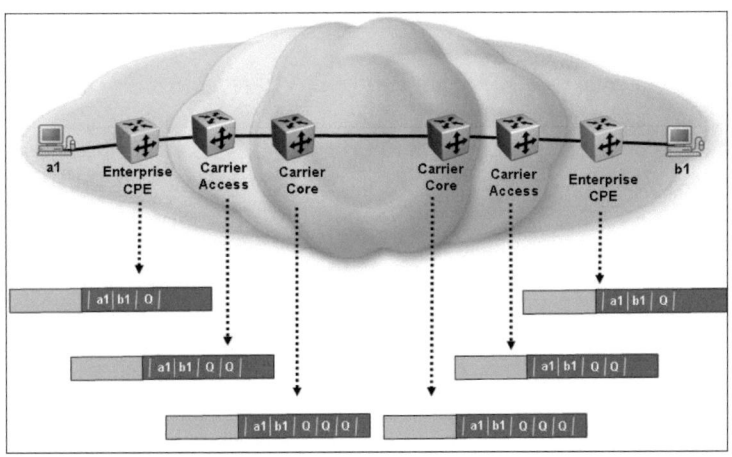

Abbildung 8: Das Q-in-Q Prinzip [HUBB02]

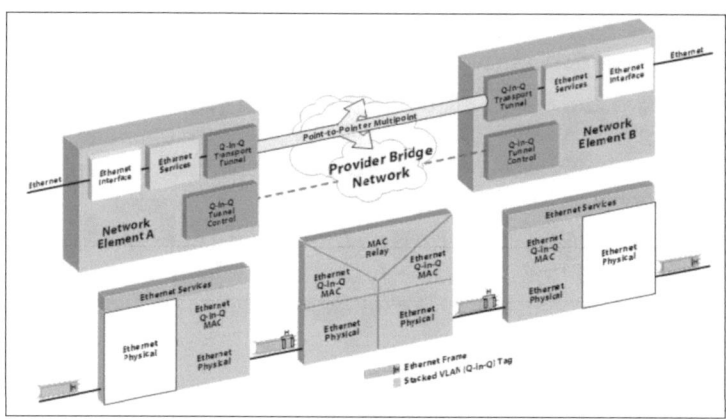

Abbildung 9: Tunneling von Ethernet auf dem Layer 2 [FUJI04]

„Das Defizit der reduzierten Anzahl von 4094 VLANs durch den 802.1ad Standard soll der zweite Standard beheben, bekannt als *IEEE 802.1ah Provider Backbone Bridges*, der dem *Kunden-MAC-Header* einen *Service-Provider-MAC-Header* voranstellt. Statt ein zusätzliches Q- Tag einzusetzen, wird ein 24-Bit-Service-Tag im Service-Provider-MAC-Header benutzt, der die Unterstützung von bis zu 16 Millionen Service-Instanzen ermöglicht und so die Skalierbarkeitsprobleme vollständig beseitigt" [GERM07, S.1]. Die folgende Abbildung veranschaulicht den Aufbau der VLAN- Frames gemäß den 802.1Q, 802.1ad (Q-in-Q) und 802.1ah (auch *MAC-in-MAC*) Standards. Der Aufbau eines VLANs im MPLS- Rahmen wird in Kapitel 3 gesondert erläutert.

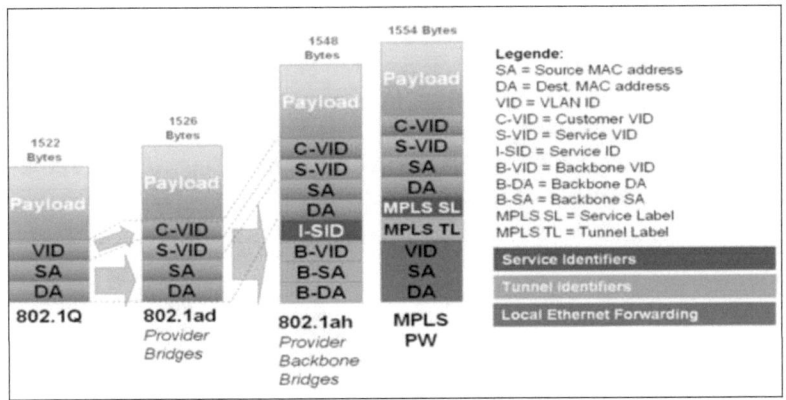

Abbildung 10: Evolution der Ethernet- Hierarchie [GERM07]

Der IEEE 802.1 ah Standard leistet durch die strikte Trennung von Provider und Kunden einen großen Beitrag zur Skalierbarkeit des „Native Ethernet" im MAN und WAN. Aus diesem Grund wird dieser Standard in Kapitel 3 weiter vertieft.

2.2 Grundlagen zu Weitverkehrsnetzen (WAN): die VPNs

„Falls sich ein virtuelles Netz über mehrere öffentliche wie auch private Netze erstreckt, spricht man von „Virtuellen Privaten Netzen" (VPNs)"[8] [ANDE05, Kap. 3.10].

„Ein VPN verbindet Rechner und Netze im Gegensatz zum VLAN miteinander, indem es *andere Netze als Transportweg* benutzt. [...] Dem Benutzer bleibt der tatsächliche Übertragungsweg verborgen, er ahnt nichts vom zwischengeschalteten (virtuellen) Netzwerk" [ZÖNN05; Kap. 2]. Ein VPN ist nicht an eine bestimmte *WAN- Technologie*[9] gebunden.

„*Tunneling* ist praktisch die Basis aller VPNs" [LIPP05]. Das Tunneling ist ein Konzept, mit Hilfe dessen beliebige Datenpakete aus einem Netzwerk an einen Standort (engl. *Site*) transportiert werden. In der Regel erfolgt der Transport aus einem Intranet über ein Weitverkehrsnetz als reines

---

[8] Eine ausführliche Definition der Begriffe „virtuell" sowie „privates Netzwerk" liefert die Quelle [STUR02, Kap. 1.3].
[9] Mit der WAN- Technologie sind die Underlying Technologies gemeint, die den Ethernet- Handoff ermöglichen.

Transitnetz. Die Adressierung und das verwendete Protokoll spielen in diesem Fall keine Rolle. Aus diesem Grund können mittels Tunneling mehrere Sites über ein IP-Weitverkehrsnetz transparent gekoppelt werden. Das Tunneling wird schon seit Langem eingesetzt, um IP-Pakete über andere Netze zu transportieren, in denen ein anderes Protokoll verwendet wird (vgl. [BADA07, Kap. 12.1.1]). Die Abbildung 11 zeigt das Tunnelreferenzmodell. Der Tunnel transportiert Ethernet Dienste. Die Standorte A und B bemerken nichts vom zwischengeschalteten Netzwerk.

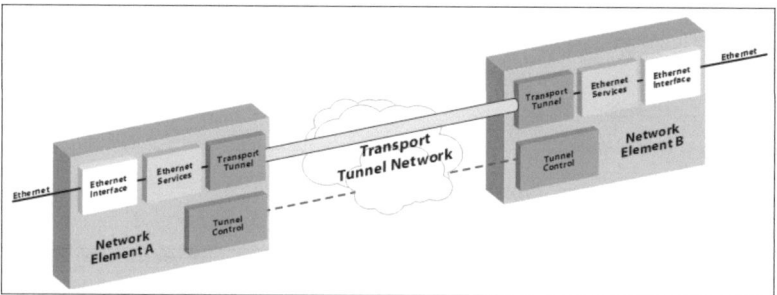

Abbildung 11:Tunnel Referenzmodell [FUJI04]

Wie der Tunnel hergestellt wird, hängt von dem Tunnelmechanismus ab, der von dem *„Paket geswitchten Netzwerk"* (engl. *Paket Switched Network* (PSN)) angeboten wird. Der Tunnel kann auf den folgenden Elementen basieren (vgl. [ANDE05, Kap 8.4]):

- dem IP-Header,
- einem MPLS Label,
- einer L2TP Session ID,
- dem GRE Key Field[10].

„In Abhängigkeit davon, welche Datenformate – also Layer 1, Layer 2-Frame bzw. Layer 3 Pakete – übermittelt werden, kann ein vom Provider bereitgestelltes VPN (*PPVPN*)[11] dem Layer 1, 2 bzw. 3 zugeordnet wer-

---

[10] GRE ist ein Tunnelprotokoll, das auf Layer 3 basiert. Es wird in dieser Untersuchung nicht behandelt.

[11] Ein „vom Provider bereitgestelltes VPN" (engl. Provider Provisioned VPN (PPVPN)) basiert auf der MPLS Technik. Der Carrier stellt dem Kunden den VPN-Dienst zur Verfügung. Der VPN- Dienst wird dem Kunden am Rand des Netzwerks übergeben.

den. Man bezeichnet sie dementsprechend als *Layer 1, Layer 2 oder Layer 3- VPN*" [BADA07, Kap. 12.2]. Die VPNs, die auf den Layern 1 bis 3 realisiert werden können, stellt das nächste Kapitel vor.

VPNs besitzen im Gegensatz zu VLANs eine erweiterte Palette an Funktionen wie bspw. Sicherheitsmechanismen durch Verschlüsselung, Authentifikation, Managebarkeit und QoS- Mechanismen (vgl. [STUR02], [ZÖNN05]). Je nachdem, auf welcher Schicht das VPN erstellt worden ist, gibt es entsprechend der auf den verschiedenen Schichten ansässigen Technologien verschiedene Mechanismen, um QoS für die virtuellen Netze zu schaffen. QoS wird im Kapitel 3 näher betrachtet.

2.3 Gründer und Reformer: das Metro Ethernet Forum (MEF)

Dieses Kapitel erläutert die Untersuchung des MEF und gibt einen Überblick über die technischen Grundbegriffe und Spezifikationen für den Carrier Ethernet Standard.

Die Aufgabe des MEF besteht darin, für alle Beteiligten und Endkunden die Architektur, die Managementfähigkeit[12], die technischen Spezifikationen und Test- Prozeduren sowie die Protokolle zu schaffen, damit eine Kompatibilität für Ethernet- Dienste und Applikationen gewährleistet werden kann. Des Weiteren arbeitet das MEF daran, bestehende und neue Standards zu integrieren (vgl. [EVAN01]). Diese Tätigkeiten tragen dazu bei, „Carrier Ethernet" zu einer ausgereiften Technologie für das MAN und WAN zu etablieren. Das MEF setzt sich zusammen aus Service-Providern, amtierenden unabhängigen Carriern, Netzwerk- und Test Equipment- Herstellern sowie einer Vielzahl prominenter Firmen.

Die **organisatorische Struktur** des Metro Ethernet Forum beinhaltet vier Gremien[13]. Diese befassen sich mit

- den Ethernet Diensten,
- der Architektur und Kontrolle,
- der Ethernet OAM und
- der Ethernet Schnittstelle.

---

[12] Die Managementfähigkeit beinhaltet: Betrieb, Administration, Wartung (engl. *Operations, Administration, Maintenance* (OAM)).
[13] Die Quelle [MEFIN, Folie 33] enthält eine grafische Übersicht darüber, wie die Spezifikationen den einzelnen Gremien zugeordnet wurden.

Die Gremien wurden auf Basis der im nachfolgenden beschriebenen fünf Carrier Ethernet Attributen (Eigenschaften) gegründet (vgl. [GOLD06]).

2.3.1 Der Anfang: das Carrier Ethernet

Die fünf Attribute beschreiben „Carrier Ethernet" als einen universellen, standardisierten, ausgereiften Dienst mit den folgenden kennzeichnenden Eigenschaften:
1. Standarisierte Dienste,
2. Skalierbarkeit,
3. Ausfalls- / Betriebssicherheit,
4. Dienstgüte (QoS),
5. Management der Dienste.

Die Bestandteile des Metro Ethernet Netzwerks (engl. MEN) sind die Komponenten für die Topologie, für den Transport und die Weiterleitung (Processing). Grundlage für die Komponenten sind verbindungslose- und verbindungsorientierte Transportnetzwerke (vgl. [ITU G.805 und G. 809]). „Das Schichtenmodell des MEF besteht aus der **„Ethernet Dienst Schicht"**, der **„Transport Dienst Schicht"** und der **„Anwendungs Dienst Schicht"** [MEF404, Kap. 6.1-6.3]. Die „Transport- Layer" sowie die Ethernet „Service Layer"[14] werden im Kapitel 2 vertieft. Die folgende erste Abbildung veranschaulicht das MEN Referenzmodell. Auf der zweiten Abbildung sind die auf der Transportschicht ansässigen Underlying Technologies zu sehen, die den Ethernet Handoff ermöglichen.

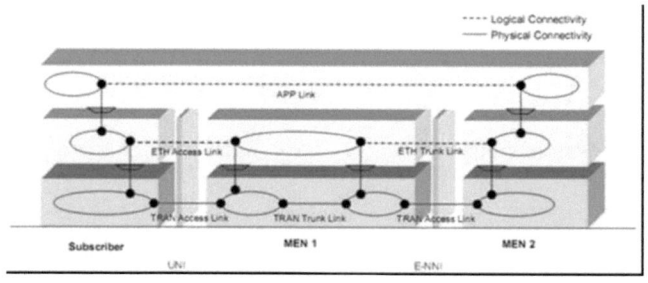

Abbildung 12: MEN Referenz Modell [MEF4 Kap. 9.3]

---

[14] Mehr Informationen zur Ethernet- Dienst Schicht findet sich in der Quelle [MEF12].

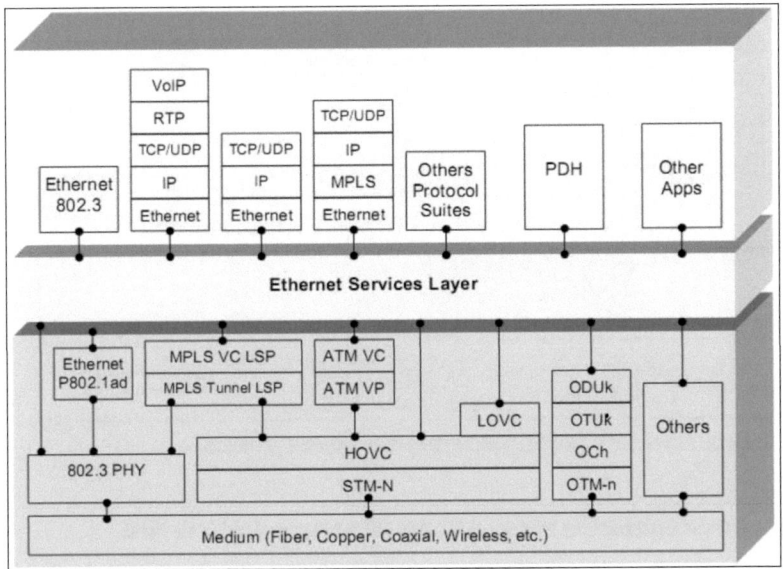

Abbildung 13: Beispielhafte Zerlegung des MEN in das Schichtenmodell und Protokollstapel[15]

Abschließend eine Übersicht über die Spezifikationen der MEF Arbeiten:

---

[15] Die Quelle [MEFGL] enthält ein Glossar, in dem der Leser Erläuterungen zu unbekannten Begriffen bzw. Themen erhält.

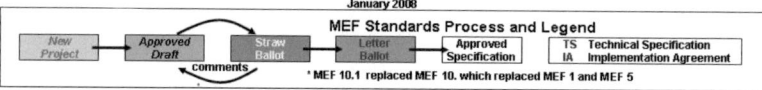

Abbildung 14: Das technische MEF Commitee (Stand: Januar 2008) [ROSS08]

2.3.2 Die Schnittstelle zwischen LAN, MAN und WAN: E- NNI

Die folgende vom Verfasser selbst erstellte folgende Abbildung veranschaulicht eine Ethernet Netzwerk- zu- Netzwerk Schnittstelle (E- NNI) über welche Punkt- zu- Punkt (engl. *Point-to- Point* bzw. *P2P*) oder Multipunkt (engl. *Multipoint* bzw. *MP*)- Ethernet- Dienste verlaufen. Im Falle von „Native Ethernet" werden die Ethernet- Dienste durch die VLAN- Tunneltechniken IEEE 802.1 ad und 802.1 ah übertragen. NNI´s können in diesem Szenario entweder *bilateral,* d.h. zwischen zwei Netzwerkbetreibern oder *multilateral* d.h., über mehrere Netzbetreiber hinweg erfolgen. Die E- NNI ist eine logische Schnittstelle. Eine I-NNI ist eine interne logische Schnittstelle im eigenen Netz. In diesem Fall ist der Kunde nicht direkt ans Netz angeschlossen (engl. *OFF- Net*).

Im übertragenen Sinn kann man sich das wie eine Brücke vorstellen. Links und rechts der Brücke ist eine Ethernet Schnittstelle[16] (entweder vom Kunden oder vom Carrier). Im Brückenmittelpunkt befindet sich die logische Schnittstelle d.h. die E-NNI. Damit beide beteiligten Seiten (engl. *Sites*) sich verstehen können und dasselbe meinen, muß für diesen Brückenmittelpunkt bzw. Übergabepunkt (E-NNI) eine präzis definierte

---

[16] Die Ethernet Benutzerschnittstelle des Kunden wird mit **UNI- C** (C für Customer) und die Benutzerschnittstelle des Netzwerkbetreibers **UNI- N** (N für Network) genannt. Die E- NNI ist somit ein logischer Übergabepunkt von einem UNI-N zu UNI- N.

Sprache entworfen werden. Die Kommunikation erfolgt in Form von Ethernet Dienst Rahmen. Diese Dienst Rahmen enthalten die „Kommunikations- Sprache" in Form von Attributen sowohl für die Ethernet Schnittstelle als auch für die virtuellen Verbindungen (engl. *Ethernet Virtual Connection (EVC)*), die über diesen Übergabepunkt verlaufen.

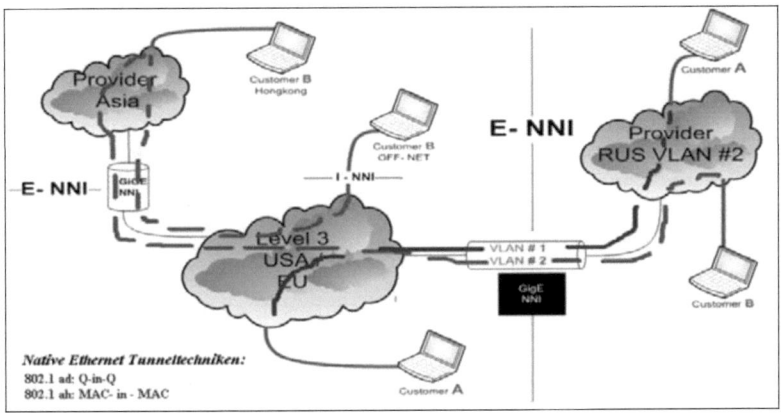

Abbildung 15: Die logische Netzwerk- zu Netzwerk- Schnittstelle (E-NNI)

Werden andere, nicht „Native Ethernet basierende Tunneltechniken" angewendet, so nennt man die virtuell getunnelten Verbindungen (EVC's), d.h die Träger der "P2P bzw. MP- Ethernet- Dienste", VPNs[17]. Im Metro Ethernet Netzwerk werden die physikalischen Kunden- und Netzbetreiber- Schnittstellen (UNI-C   für Customer, UNI-N für Network) sowie die logischen Schnittstellen I-NNI (Internal- NNI) und E-NNI (External) MEN- Referenzpunkte genannt (vgl. [MEF4; Kap. 7.1 – 7.3]).

Folgende Abbildung verdeutlicht, wie die EVC an der UNI terminiert wird. Im Übergabepunkt, in der Abbildung mit „T" gekennzeichnet, wird der in der EVC übertragene Ethernet Dienst vom MEN an den Kunden, bzw. an das Equipment des Kunden übergeben (engl. *Customer Customer Premises Equipment* (CPE)).

---

[17] Diese vom Provider bereitgestellten VPN nutzen die MPLS- Technik. Die klassischen IP- VPNs, die das öffentliche Internet für den Tunneltransport nutzen, sind damit nicht gemeint.(vgl. [BADA07, Kap. 12.1.1]).

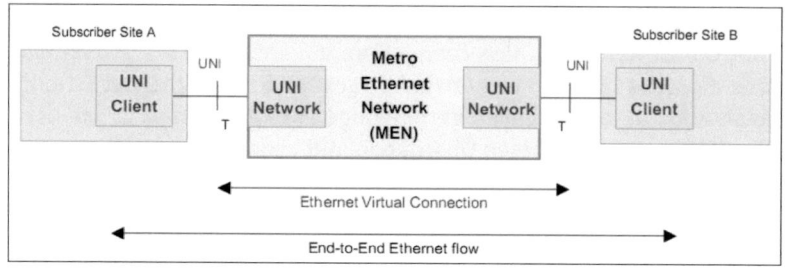

Abbildung 16: Die Benutzerschnittstelle UNI und das MEN Referenzmodell [MEF4, S.9]

Die offene **E-NNI Schnittstelle** fungiert als Referenz- bzw. Grenzpunkt für Ethernet- Dienste im Rahmen von „**Native Ethernet Interconnects**" zwischen zwei Service- Providern. Die „Kommunikations- Sprache" im Übergabe- bzw. Grenzpunkt erfolgt im Ethernet- WAN durch einen Protokoll- Austausch (vgl. [MEF4, Kap. 7.3]). Das bedeutet, dass sich die Kunden- und Netzbetreiber Schnittstelle über die logische UNI und sich zwei Netzbetreiber durch die logische E- NNI mittels des Ethernet- Protokolls austauschen.

Die MEN- Referenzpunkte der Ethernet- Dienst Schicht werden in folgender Abbildung visualisiert:

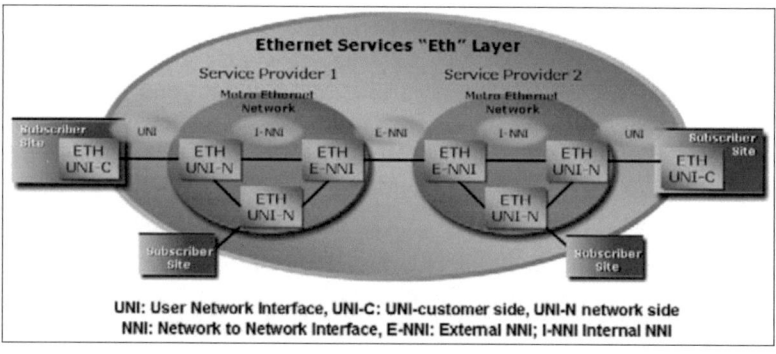

Abbildung 17: Metro Ethernet Netzwerk Architektur Rahmenwerk [MEF4a]

Die auf Ethernet basierende Schnittstelle kann folgendermaßen strukturiert sein:
1. *bilateral,* d.h.

- zwischen zwei Netzwerken: UNI-N zu UNI- N (**E-NNI**) oder
- innerhalb des Service Providers: UNI- N zu UNI- N (**I- NNI**) oder
- am Rande des Netzes zwischen: UNI-C zu UNI-N (**UNI**)

oder

2. *multilateral:* UNI- C zu UNI- N zu UNI- N zu UNI- C (**UNI zu I- NNI zu E- NNI – zu UNI**).

Der offiziell verabschiedete Draft des MEF [KLESS07] sieht bisher nur eine bilaterale E- NNI vor. Bis Mitte 2008 soll die Spezifikation von multilateralen Interconnects verabschiedet sein. Dies beinhaltet auch den dynamischen Verbindungsaufbau, den der aktuelle Draft bisher noch nicht einschließt (siehe Abschnitt zu UNI- Typ 1 und 2).

„Der Begriff für eine Schnittstelle, die eine Zusammenarbeit zwischen Netzwerken realisiert, welche wiederum Ethernet- Dienste und virtuelle Verbindungen nicht auf „Native Ethernet" Basis transportieren und nicht direkt in den Ende- zu- Ende Dienst verwickelt sind, heißt *„Network Interworking Network-to-Network Interface (NI-NNI)"*.

Vereinfacht gesagt handelt es sich um Underlying Technologies, also Transportnetzwerke, die den Ethernet Handoff und somit die Ethernet- VLANs bzw. 10GE Port an eine UNI-N übergeben und dort terminieren. Im Folgenden werden durch die E-NNI, je nachdem um welchen Dienst es sich handelt, Attribute ausgetauscht und ausgehandelt und der Dienst über die Schnittstelle in Richtung Empfänger oder zur nächsten Schnittstelle weitergeleitet. Die Transport- Service Netzwerke, die den Ethernet- Handoff an die NI- NNI ermöglichen werden in Kapitel 2 vertieft[18].

„Der Begriff für eine Schnittstelle, die fähig ist, eine Zusammenarbeit von MEF- Diensten mit Diensten anderer Technologien, die selbst auch Dienste ermöglichen (wie z.B ATM oder IP) wird *Service Interworking Network-to-Network Interface (SI-NNI)* genannt" [MEF4, Kap. 7.5]. Man spricht in der Fachliteratur diesbezüglich von einem *Ethernet- Digital Cross- Connect*

---

[18] Dazu zählen das *Optische Transport Netzwerk* (engl. *OTN*), *SDH/SONET, ATM, Frame Relay, RPR* usw..

System (DCS). Die vorliegende Untersuchung befasst sich vorrangig mit dem „Native Ethernet Interconnect", sowie dem NI- NNI Interconnect. Für die eben genannten Interconnects wird weiterhin der Begriff E- NNI verwendet (vgl. [RATT07]).

2.3.2.1 Kontroll-, Daten- und Management- Ebene

Die Kommunikation im MEN erfolgt durch drei operative Ebenen des *MEN Schichten Netzwerks*. Zu diesen Ebenen gehören

- die UNI Data Plane,
- die UNI Control Plane sowie
- die UNI Management Plane.

Alle drei Ebenen stellen Mittel für die Kommunikation, den Datenfluss und das Management zwischen den MEN- Referenzpunkten bereit.

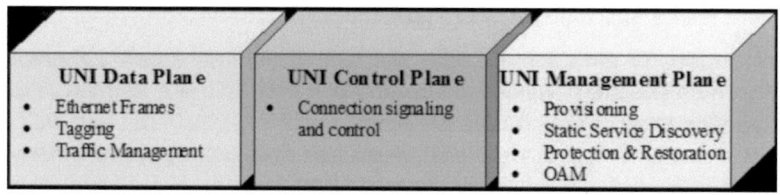

Abbildung 18: Das UNI – Rahmenwerk [MEF11a, Folie 5]

Bevor ein Ethernet- Dienst zu Stande kommt, müssen sich die Schnittstelle des Kunden (UNI-C) und die des Netzbetreibers (UNI-N) „unterhalten". Dies geschieht, indem eine Kommunikationsverbindung aufgebaut wird. Dadurch können auf der Daten- Ebene die Datenströme unter den Teilnehmern verteilt werden, die an dem P2P oder MP- Ethernet- Dienst teilnehmen. Die **Kontroll- Ebene** (engl. *Control- Plane*) stellt außerdem Mechanismen bereit, mittels derer ein Ethernet Dienst aufgebaut werden kann, sobald der Kunde dies anfordert. Dies wird dynamischer Verbindungsaufbau genannt. Die beiden Parteien handeln aus, welche Eigenschaften (Attribute) der Ethernet- Dienst haben soll. Weitere Informationen zu letzterem Ablauf finden sich in Abschnitt 2.3.3. Das Aufsetzen der Verbindung ist auch manuell möglich (siehe Abschnitt 2.3.2.2). Die Kontroll- Ebene liefert ebenfalls Signalisierungsmechanismen, um eine verteilte Konfiguration, Überwachung und Verbindungstrennung neben anderen Datenflussmechanismen vorzunehmen.

Das folgende Bild zeigt Attribute für E-NNI, auch virtuelle Schnittstelle genannt (engl. V-UNI). Der Begriff Component (Komponenten)- EVC (CEVC) gilt für beide an der Verbindung beteiligten UNI- C und UNI- N Schnittstellen. Der Datenfluss, auch CEVC- Attribut genannt, kann ein vorgegebener oder ausgehandelter Wert bzw. eine Information sein. Der Protokollaustausch der EVC- und UNI- Attribute erfolgt zwischen den beiden Schnittstellen bzw. der E-NNI (UNI- N und UNI- N) durch Kontroll- und Management- Rahmen

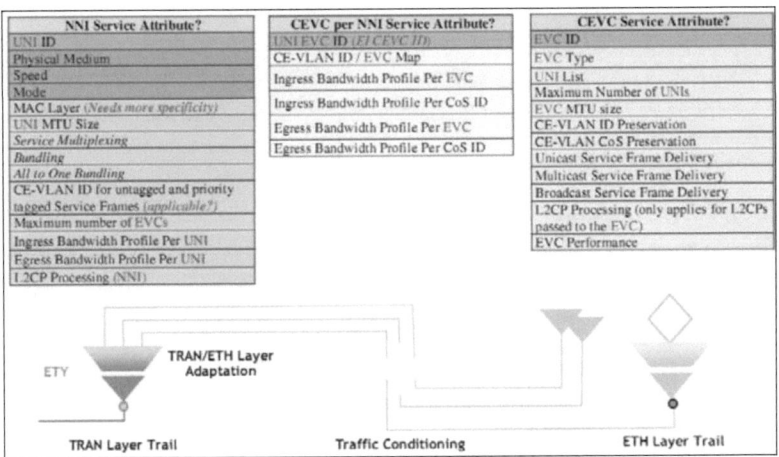

Abbildung 19: MEF- E-NNI Modelling [HERN08]

Die **Daten- Ebene** (engl. *Data- Plane*) nutzt die physikalische Schicht sowie die Data- Link Layer (Sicherungsschicht) und kann Rahmen über den UNI Referenzpunkt hinweg schicken. Sie bietet Mechanismen, um den Fluss und den Transport von Dateneinheiten zwischen Knoten im Netz zu unterstützen. Sie tauscht Ethernet- Dienst Rahmen unter den Teilnehmern aus. Dies beinhaltet Kontroll- Rahmen des Kunden, Kundendaten, Management- Rahmen, die über die UNI hinweg verschickt werden können. Die Daten- Ebene nutzt das Rahmen- Tagging via 802.1Q/p (VLAN ID und CoS).

Die **Management- Ebene** kontrolliert die Handlungen der Daten- und Kontrollebene. Sie liefert **F**ehler-, **K**onfigurations-, **K**onto-, **L**eistungs- und **S**icherheitsmechanismen (FCAPS) und stellte Programme für den Betrieb, die Administration und die Wartung (OAM) bereit. Die Management- Ebene kümmert sich außerdem um QoS Management, den Ausfallschutz und die Wiederherstellung der Verbindung sowie um die Beschaffung und Aktivierung von Diensten. Des Weiteren kümmert sich die Management- Ebene um die Gerätekonfiguration, Service load-balancing und um die Untersuchung, ob gewisse *Service Level* eingehalten wurden (vgl. [MEF4, Kap. 5]). Das Zusammenspiel der Ebenen ist in folgender Abbildung 20 zu sehen:

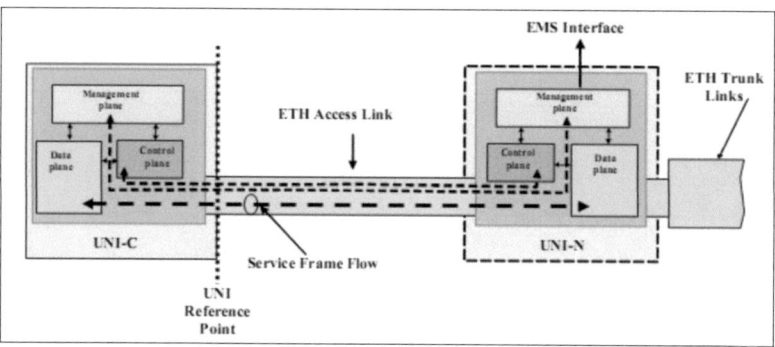

Abbildung 20: *Relationship between the UNI Reference Model and the MEN Functional Components* [MEF4, Kap.6]

Diese Ebenen sind definiert worden, um über Domain- bzw. Providergrenzen hinweg einheitliche Standards für die Kontroll-, Daten- und Management Plane zu schaffen.

2.3.2.2 UNI- Typen

Es gibt drei aufeinander aufbauende Arten von Schnittstellen, sogenannte UNIs. Der MEF- *UNI Type 1* bietet Daten- Ebene- Dienst Verbindungsfähigkeit ohne Kontroll- und Management Ebene- Fähigkeiten. Der *UNI Type 2* besitzt eine Daten- und Management Ebene. Der UNI- Typ 3 besitzt neben dem Typ 2 auch eine Kontroll- Ebene, damit der Kunde selbständig EVCs und somit Ethernet- Dienste anfordern kann.

Der UNI- Typ 1 arbeitet im manuellen Konfigurationsmodus, in welchem die UNI- C und die UNI- N für die Dienste manuell konfiguriert werden muss.

Es gibt zwei Konfigurationsmöglichkeiten für den statischen UNI- Typ 1[19]:

- UNI Typ 1.1: eine nicht Multiplex- fähige[20] UNI

---

[19] Vertiefende Literatur zum UNI- Typ 1 findet sich in den folgenden Quellen: In den MEF- Spezifikationen [MEF11], [MEF13,Kap. 6.1 und 6.2], [MEF13a, Folie 4-7].

- UNI-Typ 1.2: eine Multiplex- fähige UNI

Alle vom MEF- zertifizierten Provider bzw. Hersteller sind **UNI- Typ 1** zertifiziert. Die Thematik der Konfigurationsmöglichkeiten des UNI- Typs 1 werden in Abschnitt 2.3.2.3 in Verbindung mit den Ethernet- Diensten weiter vertieft (vgl. [MEF 6, Kap. 5 und 6], [MEF6a, Folie 16]). Welche Konfigurationsparameter und Anforderungen (Attribute) für die manuell zu konfigurierende Kontroll- und Management- Ebene für den UNI- Typ 1 bestehen, wird in Quelle [MEF11, Kap 10.1] aufgeführt.

Der **UNI- Typ 2** besitzt im Gegensatz zum UNI- Typ 1 Mechanismen für das Fehlermanagement und den Ausfallschutz einer virtuellen Verbindung. Der größte Vorteil besteht darin, dass die Schnittstelle des Netzwerkbetreibers (UNI-N) dem Kunden (UNI-C) erweiterte Funktionalitäten bietet. Diese Funktionalitäten sind je nachdem, ob es sich um den Typ 2.1 oder 2.2 handelt, die folgenden (siehe Tabelle 1):

Funktionalitäten UNI TYP 2.1	Funktionalitäten UNI TYP 2.2
1) Dienste- OAM 2) Erweiterte UNI Attribute 3) L2CP Handling	1) E-LMI (Logisches Management Interface) 2) Verbindungs- OAM 3) Dienste- OAM 4) Ausfallschutz 5) Erweiterte UNI Attribute 6) L2CP Handling
Optional (Funktionalitäten können, müssen aber nicht unterstützt werden) 4) E-LMI 5) Verbindungs- OAM 6) Ausfallschutz Die jeweiligen Attribute finden sich in der Quelle [MEFIA2] wieder.	

Tabelle 1: Überblick über die Funktionalitäten des Uni- Typs 2.1 und 2.2 (vgl. [MEFIA2])

Das *L2CP- Protokoll* ist in der Lage, Kontroll-Rahmen weiterzuleiten. Zu den Funktionen des Protokolls zählen z.B.

- das Peering einer UNI,

---

[20] Nicht Multiplex- fähig bedeutet, dass nur eine EVC pro UNI vorhanden ist. Der UNI Typ 1.2 hingegen ist multiplex- fähig und kann mehrere EVCs handeln. Dies ist der Fall, wenn mehr als eine P2P EVC an einem physikalischen Port an einer bzw. beiden UNIs angeboten wird.

- die Vornahme eines Tunneling für eine EVC,
- das Verwerfen/ Terminieren einer EVC an einer UNI.

Protocol	Destination MAC Address
IEEE 802.3x MAC Control Frames	01-80-C2-00-00-01
Link Aggregation Control Protocol (LACP)	01-80-C2-00-00-02
IEEE 802.1x Port Authentication	01-80-C2-00-00-03
Generic Attribute Registration Protocol (GARP)	01-80-C2-00-00-2X
Spanning Tree Protocol (STP)	01-80-C2-00-00-00
A protocol to be multicast to all bridges in a bridged LAN	01-80-C2-00-00-10

Abbildung 21: Standarisierte Layer 2 Kontroll- Protokolle [MEF6a]

Bei virtuell getunnelten Verbindungen des Native Ethernets, die auf dem IEEE 802.1 ad Standard basieren, übernimmt das L2C- Protokoll einer UNI-N eine weiterleitende Funktion: Es überträgt die Kontroll- Rahmen an eine EVC. Dies spart im Gegensatz zur manuellen Konfiguration bei Typ 1 Zeit für das Aufsetzen der Verbindung. Des Weiteren offeriert das Protokoll erweiterte Konfigurationsmöglichkeiten für die Attribute.

Die Management- Ebene ermöglicht ein Verbindungsmanagement, also einen Austausch von Management- Rahmen (OAM- Rahmen) des Kunden (UNI- C) und des Netzbetreibers (UNI- N). Der Kunde erhält die Möglichkeit, bestimmte „Schrauben der virtuellen Verbindungen" (EVC) einzusehen, wie z.B. den Verfügbarkeitsstatus. Diese Einsicht kann ausgeweitet werden, je nachdem wie viel „Attribut- Power" der Kunde erhalten soll (vgl. [MEFIA2]).

Mit der **UNI Type 3** Version ist der Kunde in der Lage, selbst virtuelle Verbindungen und somit Ethernet- Dienste anzufordern und aufzubauen. Zum UNI Typ 3 gibt es noch keine Dokumentation.

2.3.2.3 Ethernet Virtual Connection (EVC)

Ausgangspunkt der auf Ethernet basierenden Dienste ist die Ethernet Virtual Connection (EVC). In diesem Kapitel werden servicespezifische Attribute und Werte für Ethernet basierende Services wie Ethernet Line (E-LINE), Ethernet LAN (E-LAN) und Ethernet- TREE (E-TREE) für die EVC vorgestellt. Ethernet Dienst- Rahmen bieten Mechanismen für den Austausch von Funktionen und Diensten zwischen den UNIs, die über die logische E- NNI laufen.

Grundsätzlich gibt es Attribute für die Schnittstelle (UNI-C und UNI-N) sowie für die virtuelle Verbindung (EVC). Je nach Service Typ (E- LINE, E- LAN, E- TREE) werden verschiedene Anforderungen an die Schnittstelle und die EVC gestellt, die im Folgenden erläutert werden.

„Die EVC ist eine virtuelle Verbindung von 2 oder mehr UNIs, wobei die UNI als *Ethernet Schnittstelle* die Grenze zwischen CPE und dem Netz des Providers darstellt" [SANT06, S.2]. Beim Austausch von Service Frames durch die EVC müssen zwei Regeln beachtet werden:

1. Ein Service Frame muss nicht an die UNI zurückgeschickt werden, von der der Service Frame losgeschickt wurde.
2. Service Frames müssen mit der MAC- Adresse verschickt werden und der Inhalt der Service Frames darf von der Quelle zum Ziel nicht verändert werden.

Aufgrund dieser Charakteristika kann eine EVC zum Aufbau eines virtuellen privaten Netzes (VPNs) auf der Schicht 2 benutzt werden.

2.3.2.4 EVC- Service Typen (E- LINE, E- LAN, E- TREE)

(Ethernet-) virtuelle Verbindungen basieren auf drei Service-Diensten: E-Line, E-Lan, E-Tree. Aus diesem Grund kann die EVC eine Punkt- zu- Punkt Verbindung, eine Punkt- zu- Multipunkt Verbindungen oder auch eine Multipunkt- zu- Multipunkt-Verbindung sein.

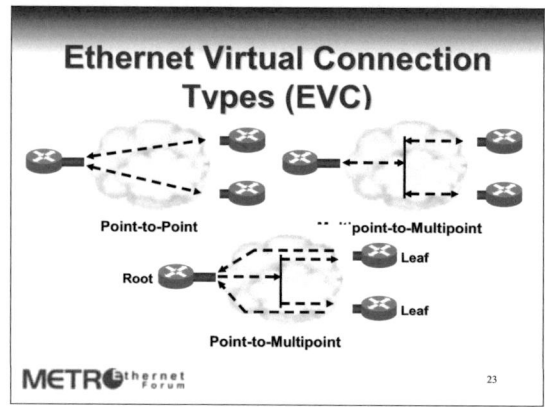

Abbildung 22: Ethernet Virtuelle Verbindungs- Dienst- Typen (EVC) [BOTT01]

Der **erste Service Typ, E- LINE** genannt, ist eine virtuelle Punkt- zu- Punkt (P2P) und Punkt- zu Multipunkt- Verbindung zwischen zwei UNIs.

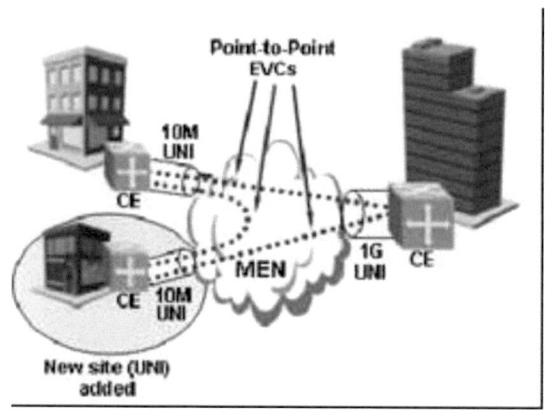

Abbildung 23: Punkt- zu Punkt- EVCs [SANT06]

Wird der E- LINE Dienst mit Leistungs- Parameter angeboten, also nicht mit einer symmetrischen Bandbreite via Best- Effort, so können zwischen zwei UNIs mit unterschiedlichen Port- Geschwindigkeiten Leistungsparameter für die Bandbreite bereitgestellt werden. Dazu zählen z.B. CIR und CBS, EIR und EBS, Burst- Size, sowie Verlustwahrscheinlichkeitswerte. Die Bandbreitenattribute werden im folgenden Kapitel, die QoS Begriffe hingegen in Kapitel 5 behandelt. Des Weiteren kann Service Multiplexing zum Einsatz kommen. Dies bedeutet, dass mehrere Dienste an einer UNI angeboten werden können. Eine EVC entspricht einer Dienst-Instanz an einer UNI in Form eines Ethernet Zugangs zur IP Telefonie oder einer Ethernet- VPN Verbindung. Service Multiplexing mit mehr als einer EVC kann entweder

- an keiner,
- an einer oder
- an beiden UNIs auftauchen.

Somit kann mehr als eine P2P- EVC an einem physikalischen Port an einer UNI angeboten werden.[21] E- Line Dienste können auch P2P- Verbindungen zwischen UNIs auf Basis der TDM-Technik bereitstellen. Ein derartiger Service verbindet zwei UNIs und bietet volle Transparenz für Service Frames zwischen den UNIs. In diesem Fall sind an beiden Enden der Leitung die Header und der Payload (Nutzdaten) identisch. Falls ein weiterer Standort in Form einer EVC im P2P- Netzwerk ergänzt werden soll, muss diese neue EVC an allen Standorten (UNIs) manuell hinzugefügt werden[22].

In der Praxis werden folgende Begriffe für P2P- Verbindungen verwendet: *Virtual Leased Line* (VLL), *Virtual Private Wire Services* (VPWS)[23], *Ethernet Relay Service* (VLAN- basiert), *Ethernet Wire Service* (Port basiert, ohne VLAN ID). Das MEF verwendet den Begriff *Ethernet Privat Line* für eine P2P- EVC und *Ethernet Virtual Private Line* (EVPL) für gemultiplexte- P2P Verbindungen.

Der **zweite Service Typ E- LAN** ist eine virtuelle Multipunkt- zu- Multipunkt- Verbindung bzw. ein Dienst für zwei oder mehrere UNIs.

---

[21] In der Praxis werden P2P- EVCs noch oft via *Frame Relay PVCs* angeboten (PVC: *Permanent Virtual Connection*), PVC steht für eine dauerhaft installierte Standleitung in Form einer virtuellen Verbindung. Frame Relay ist eine Übertragungstechnologie, auf die in Kapitel 2 eingegangen wird.
[22] Alternativ: manuelle Ergänzung einzelner PVC's an jedem Standort in Frame Relay Analogie
[23] VPWS ist eine MPLS- basierte P2P Verbindung in Form eines VPNs

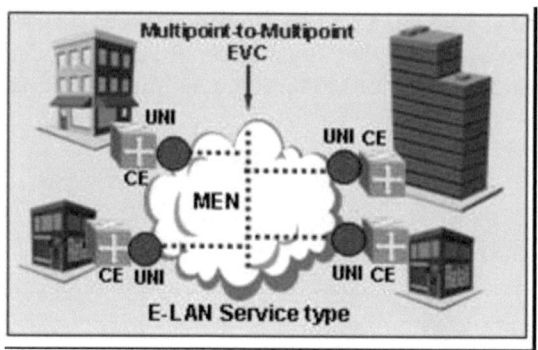

Abbildung 24: Multipoint-to-Mulitpoint EVC [MEF6a]

Jede Benutzerschnittstelle (UNI) ist, wie in Abbildung 24 zu sehen, zu einer Multipunkt- EVC verbunden. Im Gegensatz zum E- Line Service Typ muss beim Hinzufügen einer neuen UNI zum LAN nur diese UNI zur bestehenden Multipunkt- EVC hinzugefügt werden. Somit wird beim E-LAN Service nur eine EVC benötigt, um Multi- Site Konnektivität zu erlangen.

Zusammenfassend kann ein E- LAN Service eine große Anzahl von Sites[24] miteinander verbinden. Er wird eingesetzt, um eine große Zahl von Services, wie Privat LAN- oder Virtuelle Private LAN Services zu ermöglichen.

In der Praxis werden folgende Begriffe für MP- Verbindungen verwendet: *Ethernet Multipoint Services* (EMS, port basiert), *Ethernet Relay Multipoint Services* (VLAN- Nummer – basiert), *VPLS* (Ethernet via MPLS- VPNs).

Der dritte **Service Typ E- Tree** ist eine virtuelle Punkt- zu- Multipunkt Verbindung. Beim E- Tree, auch *Hub- and Spoke Verfahren* genannt, fungiert eine Station als Hub und die Äste als Blätter (engl. *Spoke oder Leaf*). Es ist wichtig, dass der Begriff Hub nicht falsch verstanden wird. Der Hub ist technisch gesehen ein Switch und trennt den Traffic logisch und physikalisch voneinander. Bildlich gesehen ist eine Kommunikation der Äste hingegen nur über die Wurzel möglich. Die Hub-and-Spoke Netzwerk Topologie exisitierte früher bereits bei der Frame- Relay Technik. Damals wurde ein Multipunkt- Service jedoch durch die manuelle Konfiguration vieler einzelner virtueller permanenter Punkt- zu- Punkt Verbindungen (engl. *PVC*) realisiert. Das Hinzufügen eines Astes im Wurzelbaum ist

---

[24] Eine Site entspricht einem Standort. An einem Standort ist zumeist nicht nur ein Computer sondern ein weiteres LAN dahintergeschaltet. Sites bzw. die auseinandergelegenen LANs kommunizieren über die EVC.

beim E-Tree nur einmal nötig, nämlich dann, wenn ein neuer Ast der EVC hinzugefügt wird [vgl. [SANT06]).

2.3.2.5 Ethernet Service Attribute für die UNI und EVC

Alle Ethernet- Services bedienen sich aus einem Pool von allgemein gültigen Attributen. Die Ethernet Service Attribute definieren die Fähigkeiten des *Ethernet Service Typs* für E-LINE, E-LAN und E-TREE Dienste. Einige Service Attribute gelten nur für die UNI, während andere nur für die EVC gelten. Die Unterschiede werden im Folgenden für die Service Attribute näher erläutert. Des Weiteren gibt es spezifizierte Parameter, die die Attribute der EVC- Typen detailliert beschreiben.

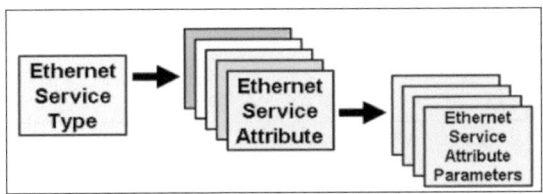

Abbildung 25: Definition des Ethernet Service Rahmenwerks

An die Attribute der Service Typen werden verschiedene Anforderungen gestellt:

1. die physikalische Ethernet- Schnittstelle,
2. die Bandbreiten bzw. Traffic- Parameter,
3. die Performance Parameter,
4. die Class of Services (CoS) Identifikatoren,
5. die Übertragung der Service Frames,
6. die Unterstützung des VLAN- Taggings,
7. das Service- Multiplexen,
8. das Bundling,
9. die Sicherheits- Filter.

Die Service- Attribute werden im Folgenden einzeln vorgestellt (vgl. hierfür [SANT06]). Zu Ende des Kapitels wird eine beispielhafte Konfiguration der Attribute für die UNI und die EVC dargestellt (vgl. hierfür [WEIBE06]).

1. Die physikalische Ethernet Schnittstelle

Diese besitzt Attribute für

- die Geschwindigkeit,
- die Mode (Half- / Full Duplex),
- und den MAC Layer [SANT 06].

2. Die Bandbreiten Profile

Das Bandbreitenprofi l- Service Attribut besteht aus vier Traffic Parametern[25], die die Bandbreite und den Durchsatz des Services beeinflussen:

- CIR: Committed Information Rate,
- CBS: Committed Burst Size,
- EIR: Excess Information Rate,
- EBS: Excess Burst Size.

Ein Service an einer UNI kann bis zu drei verschiedene Typen von Bandbreitenprofilen unterstützen. Ein Bandbreitenprofil kann zuständig sein für

a.) die ganze Schnittstelle (Switch- Port),

b.) eine bestimmte über die UNI transportierte virtuelle Verbindung (EVC),

c.) durch CoS- Angaben (engl. *Identifier*) für eine ganz bestimmte über die UNI transportierte virtuelle Verbindung (EVC).

---

[25] Für weiterführende Literatur zu den Bandbreitenprofile CIR, CBS, EIR, EBS siehe Quelle [KASI07, S. 63].

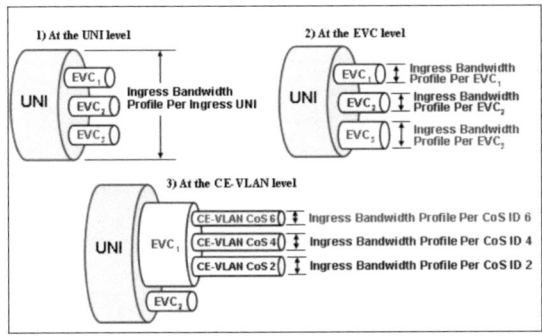

Abbildung 26: Bandbreitenprofile nach MEF10 [MEF6a]

Damit einem Service ein bestimmtes Bandbreitenprofil zugewiesen werden kann, wird den Service Frames eine bestimmte Farbe zugeordnet, die sogenannte *Service Frame Farbe* (vgl. [SANT06], [WEIBE06]). Dadurch kann nachvollzogen werden, ob Service- Frames sich dem ausgehandelten Bandbreitenprofil gemäß verhalten. Welcher Mechanismus bei dieser Prozedur von Statten geht, zeigt die folgende Abbildung.

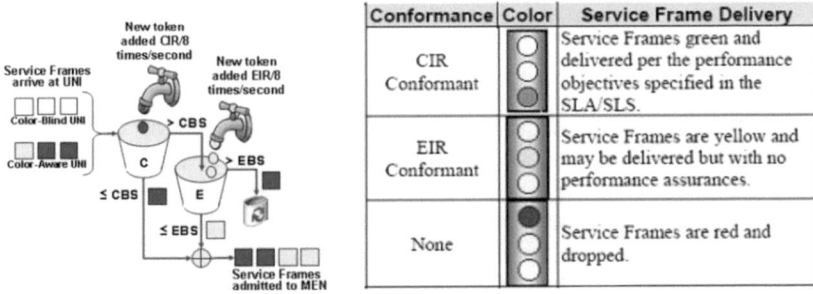

Abbildung 27: Bandbreitenprofile für eine EVC [WEIBE06], [MEF6a]

Bei **grünen Service Frames** verhält sich das Bandbreitenprofil konform mit der CIR und der CBS. Das macht sich daran bemerkbar, dass die durchschnittliche Service Frame Rate und die maximale Service Frame Größe kleiner oder gleich groß zur CIR und CBS (➔ CIR- konform) ist.

Bei **gelben Service Frames** ist das Bandbreitenprofil nicht konform zu CIR, aber konform zur EIR und EBS. Dies ist der Fall, wenn die durchschnittliche Service Frame Rate größer ist als die CIR, aber weniger groß ist als die EIR. Die maximale Service Frame Größe beträgt weniger als die EBS (➔ EIR- konform).

Rote Service Frames werden verworfen, wenn sie nicht CIR und EIR- konform sind.

3. Die Performance Parameter

Performance Parameter beeinflussen die Service Qualität des Kunden. Zu den Parametern zählen:

- Verfügbarkeit,
- Frame Verzögerung,
- Frame Jitter (Delay Variation),
- Frame Verlust.

4. Class of Service (CoS) Identifikatoren

Class of Service Attribute einer EVC nutzen die Performance Attribute für die SLAs:

- Frame Delay,
- Frame Jitter,
- Frame Loss.

Im Metro Ethernet Netzwerk können Kunden verschiedene Güteklassen (CoS) für die Services bestellen. Dies bedeutet, dass einer CoS ein bestimmter Traffic- Parameter Wert zugewiesen werden kann (z.B. eine CIR von 100 Mbit/s). Außerdem kann diese CoS durch Performance- Parameter weiter spezifiziert werden (z.B. durch Verzögerung, Jitter und Verlust für die Klasse). CoS werden gekennzeichnet durch verschiedene Identifikatoren, wie etwa

- den Physikalischen Port,
- CE- VLAN CoS (802.1p),
- DiffServ/ IP Type of Service (TOS).

Diese Identifikatoren werden im Folgenden beschrieben. „Dem **physikalischen Port als erstem Identifikator** wird eine CoS zugewiesen. Vom Port hinein und herausströmender Traffic erhält dieselbe CoS. Bei einer portbasierten Implementation werden Traffic- basierte Parameter (z.B. CIR,

CBS, EIR, EBS) der Schnittstelle sowie Service- basierte Parameter (z.B. Verzögerung, Jitter, Verlust) dem Service zugewiesen."

Der **zweite Identifikator ist das E- VLAN CoS** *(802.1p)*. Die Traffic- Güteklassen des Kunden- VLAN (CE- VLAN CoS) entsprechen den CoS Bits, die im getaggten Service Frame des IEEE 802.1Q- Tag zu finden sind. Somit können bis zu acht verschiedene CoS definiert werden. Auch hier muss der Serviceprovider Bandbreitenprofile und Performance Parameter für die jeweiligen CoS definieren.

Der **dritte Identifikator ist der Cos- DiffServ / ToS.** Es gibt verschiedene Verfahren[26], die beschreiben, wie das CE-VLAN CoS Bit im VLAN-Tag über die UNI übertragen werden:

1. das VLAN- Tag Mapping,
2. die VLAN- Tag Preservation,
3. die VLAN Tag Translation,
4. das Mapping von CE- CoS Werten.

DiffServ und ToS Werte können benutzt werden, um den CoS zu bestimmen. Mit IP *ToS* können bis zu acht CoS definiert werden. Das Verfahren ist auch unter dem Begriff *IP Precedence* geläufig. IP Precedence ähnelt sehr der 802.1p Definition, die bei 802.1Q Anwendung findet. Hierbei wird eine CoS durch die *Vorwärtsweiterleitung- Priorität* bereitgestellt. DiffServ hingegen definiert mehrere *pro-Hop- Behaviours* (PHB), die robustere QoS- Fähigkeiten bereitstellen, als der einfache auf Vorwärtsweiterleitung- priorisierte Mechanismus IP ToS und 802.1p. DiffServ benutzt das gleiche Feld des IP Headers (2. Byte), wie IP ToS. Es re- definiert jedoch die Bedeutung der Bits. DiffServ bietet 64 verschiedene Werte (*DiffServ Codepoints* (DSCP)), die zur Bestimmung des CoS herangezogen werden. Ein standardisiertes PHB- Verfahren ist z.B. das *Expedited Forwarding (EF)*. Es liefert geringe Verzögerungen und Serviceeinbußen. Als weiteres standardisiertes PHB- Verfahren gelten die *Assured Forwarding- Klassen (AF)*. Sie werden für burstanfällige Real-Time und Nicht- Real- Time Dienste genutzt. *Klassenselektoren* (engl. *Class Selectors*) sorgen für Rückwärts- Kompatibilität in Bezug auf IP ToS und Default Forwarding für Best- Effort Dienste.

---

[26] Weiterführende Literatur zum VLAN- Tag- Mapping, zur VLAN – Tag Preservation, und zur VLAN - Tag-Translation mit dem IEEE 802.1ad und IEEE 802.1ah Standard findet sich in der Quelle [NORTE07].

Im Gegensatz zum CE- VLAN CoS (802.1p) benötigen DiffServ und IP ToS weitere Schritte, um den DSCP oder ToS Wert zu bestimmen. Dazu zählen eine von Seiten des Kunden und von Seiten des Providers durchgeführte Inspektion des IP Headers im Ethernet- Frame Payload.

5. Service Frame Delivery

Die Mitglieder einer EVC können über die UNI Ethernet Service Frames austauschen. Dabei können Kontroll- oder Daten- Service Frames hin und her wandern. Es gibt Fälle, bei denen ein Ethernet– Dienst manche Service Frames nicht annehmen möchte. Ein Beispiel wäre ein Routingprotokoll, das nicht vom Netzbetreiber gewünscht ist. Der Ethernet- Dienst bestimmt, ob die Service Frames verworfen, unter Vorbehalt oder unbedingt ausgeliefert werden. Wenn Service Frames unter Vorbehalt versendet werden, müssen die Bedingungen angegeben werden.

Der Unicast Service Rahmen ist durch die Ziel MAC- Adresse (Destination Address bzw. DA) definiert. Die DA kann bekannt oder unbekannt sein. Dem IETF RFC 1112 Standard zufolge haben Multicast Rahmen als Ziel- MAC Adresse das Intervall 01-00-5E-00-00-00 bis 01-00-5E-7F-FF-FF zur Auswahl. Ansonsten gelten die gleichen Bestimmungen für die Auslieferung der Service Frames wie beim Unicast Service Frame. Die Broadcast- Adresse ist nach dem IEEE 802.3 Standard definiert und nutzt als Ziel MAC Adresse FF-FF-FF-FF-FF-FF.

Das Service Attribut für das Layer 2 Weiterleitungsprotokoll (Layer 2 Control Protocol Processing bzw. L2CP) kann für die UNI oder für die EVC gelten. Je nachdem um welchen Service es sich handelt, entscheidet der Provider, ob das Protokoll an der UNI verworfen bzw. weitergeleitet oder an die EVC übergeben wird. Der Provider entscheidet außerdem, ob er das L2CP- Protokoll verwirft oder über eine EVC hinweg „tunnelt."

Protocol	Destination MAC Address
IEEE 802.3x MAC Control Frames	01-80-C2-00-00-01
Link Aggregation Control Protocol (LACP)	01-80-C2-00-00-02
IEEE 802.1x Port Authentication	01-80-C2-00-00-03
Generic Attribute Registration Protocol (GARP)	01-80-C2-00-00-2X
Spanning Tree Protocol (STP)	01-80-C2-00-00-00
A protocol to be multicast to all bridges in a bridged LAN	01-80-C2-00-00-10

Tabelle 2: Standardisierte Layer 2 Kontroll Protokolle (L2CP) [SANT06]

6. VLAN Tag Unterstützung

Im Kapitel 2.1.2 und 2.13 wurde das VLAN Tagging und das VLAN Stacking beschreiben. Das Setzen des Tags beeinträchtigt die Auslieferung der Service Frames sowie die Leistung. Die *VLAN ID* wird für die Auslieferung von Service Frames genutzt. VLANs ermöglichen die Segmentierung eines Netzes in „Splittergruppen". Die UNI Schnittstelle kann selbst entscheiden, ob sie ungetaggte oder getaggte oder beide Arten von Service Frames unterstützt. Beim 802.1 ad aka. Q-in-Q Verfahren wird vom Provider ein weiteres Q- Tag in den Service Frame hinzugefügt. Dadurch wird der VLAN Tag des Kunden vom dem des Providers getrennt. Das gleiche gilt in ähnlicher Weise beim MAC-in- MAC Verfahren. In diesem Fall wird ein MAC- Header inklusive eines zusätzlichen VLAN Tags in den Service Frame hinzugefügt. Das MEF nutzt den Begriff CE- VLAN ID (Customer Edge VLAN ID) für die Kunden- VLAN ID

Das 802.1 p Feld im getaggten Rahmen wird CE- VLAN CoS genannt und bezieht sich auf dabei auf das Prioritätsfeld des Kunden. Die Service Attribute, die mit dem CE- VLAN Tag angeboten werden können, heißen:

- *CE- VLAN- ID Preservation* (Beibehaltung)
- *CE VLAN CoS Preservation*

Das CE- VLAN Tag kann daher einen, keinen oder beide Attribute für sich nutzen.

Diese beiden EVC- Service Attribute definieren, ob die VLAN ID bzw. das CoS- Bit über die virtuelle Verbindung hinweg (EVC) beibehalten wird oder ob die bzw. „Klassengüte" umgeschrieben d.h. gemappt werden.

Falls eine der beiden UNIs kein VLAN Tagging unterstützt findet ein Mapping statt. Das MEF nutzt zur Identifikation der beiden 2 Attribute:

- CE VLAN ID / EVC Map (dient als Mapping Tabelle zwischen CE- VLAN IDs an der UNI zu der EVC zu der sie gehört) - Attribut
- UNI List Service Attribut (beim E- Line Dienst: zwei UNIs; beim E- LAN- Dienst: mehr mindestens zwei)

Wenn eine UNI keine VLAN Tags unterstützt, werden von dieser UNI ausgehende Service Frames ohne VLAN Tag ausgeliefert.

Wenn die ursprüngliche UNI VLAN Tags unterstützt und Service Frames mit CE- VLAN Tag losschickt, wird der Provider die VLAN Tags in den

Service Rahmen entfernen bevor diese an die Ziel UNI ausgeliefert werden.

Wenn eine UNI, die selbst ungetaggte Service Frames unterstützt an eine UNI, die getaggte Service Frames unterstützt, Service Frames schicken möchte, wird der Provider einen geeigneten CE- VLAN Tag vor der Auslieferung einfügen – so wie es im CE- VLAN ID / EVC Map- Attribut vorgesehen ist.

7. Service Multiplexing

Mit Hilfe von Service Multiplexing können neue EVCs aufgebaut werden. Dies spart Equipment, Installationskosten, Cross Connects oder Patchkabel und beschleunigten Service Activation- Prozess durch Access- Circuit mit dem UNI Type 3. Das Service Multiplexing Attribut unterstützt mehrere EVCs an einer UNI.

8) Bundling

Die Service Attribute des Bundling sorgen dafür, dass zwei oder mehr Kunden- VLAN- IDs in eine einzige EVC an einer UNI gemappt werden können. UNI, Kunde und Serviceprovider müssen aushandeln, welche CE- VLAN- IDs an einer UNI in welche spezifische EVC gemappt werden. Es kann vorkommen, dass jedes CE- VLAN an einer UNI in eine einzige EVC gemappt werden soll. Dieses Phänomen wird auch als „Alles zu einer Bündelung"- (engl. *All-to- One Bundling*) bezeichnet.

9) Sicherheitsfilter

Dem CPE können für die virtuelle Verbindung Zusatzoptionen, angeboten werden, um das Sicherheits- und Traffic Management auszubauen. Dazu gehören MAC- Zugrifflisten für die UNI (Access- Control- List), Protection (Ausfallsschutz) Path oder Attribute von Underlying Technologies.

Abschließend soll ein Überblick über die *UNI und EVC Attribute* gegeben werden. Abbildung 28 zeigt auf, wie ein EVC- Service an der UNI Schnittstelle konfiguriert werden kann. Der Kunde UNI-C und der Carrier UNI-N unterhalten sich über die E- NNI. Über die virtuelle E- NNI werden servicespezifische UNI- und EVC- Attribute ausgetauscht. Der Austausch der Attribute und Parameter erfolgt durch Ethernet- Dienst- Rahmen, d.h. über das Ethernet Protokoll.

UNI Service Attribute	Parameter Value or Range of Values	EVC Service Attribute	Type of Parameter Value
Physical Medium	IEEE 802.3-2002 Physical Interface	EVC Type	Point-to-Point or Multipoint-to-Multipoint
Speed	10 Mbps, 100 Mbps, 1 Gbps, or 10 Gbps	UNI List	Provides the list of UNIs associated with an EVC.
Mode	Full Duplex, or Auto negotiation		
MAC Layer	IEEE 802.3-2002	CE-VLAN ID Preservation	Yes or No
Service Multiplexing	Yes* or No		
CE-VLAN ID / EVC Map	Mapping table of CE-VLAN IDs to EVC	CE-VLAN CoS Preservation	Yes or No
Bundling	Yes or No³		
All to One Bundling	Yes⁶ or No³	Unicast Frame Delivery	Deliver Unconditionally or Deliver Conditionally
Ingress Bandwidth Profile Per Ingress UNI	No or <CIR, CBS, EIR, EBS>	Multicast Frame Delivery	Deliver Unconditionally or Deliver Conditionally
Ingress Bandwidth Profile Per EVC	No or <CIR, CBS, EIR, EBS>	Broadcast Frame Delivery	Deliver Unconditionally or Deliver Conditionally
Ingress Bandwidth Profile Per CoS Identifier	No or <CIR, CBS, EIR, EBS>	Layer 2 Control Protocol Processing	Discard⁵ or Tunnel IEEE 802.3x MAC Control Frames
			Discard or Tunnel Link Aggregation Control Protocol (LACP)
Layer 2 Control Protocol Processing	Peer, Discard or Pass to EVC IEEE 802.3x MAC Control Frames		Discard or Tunnel IEEE 802.1x Port Authentication
	Peer, Discard or Pass to EVC Link Aggregation Control Protocol (LACP)		Discard or Tunnel Generic Attribute Registration Protocol (GARP)
	Peer, Discard or Pass to EVC IEEE 802.1x Port Authentication		Discard or Tunnel Spanning Tree Protocol (STP)
	Peer, Discard or Pass to EVC Generic Attribute Registration Protocol (GARP)		Discard or Tunnel a protocol multicasted to all bridges in a bridged LAN
	Peer, Discard or Pass to EVC Spanning Tree Protocol (STP)	Service Performance	<CoS Identifier, Frame Delay, Frame Jitter, Frame Loss>.
	Peer, Discard or Pass to EVC a protocol multicasted to all bridges in a bridged LAN		

Abbildung 28: Überblick über die UNI- und EVC- Service Attribute [SANT06]

Manche Attribute sind zwingend vorgeschrieben. Die sogenannten MUSS- Attribute für den UNI Typ 1 und 2 finden sich in Quelle [BOTT08].

2.3.3 Service Attribute der Schnittstelle E- NNI

Attribute	Operator A E-NNI CEVC_A1	Operator B E-NNI CEVC_B1	Operator A E-NNI CEVC_A2	Operator B E-NNI CEVC_B2
E-NNI CEVC ID	A/A1	B/B1	A/A2	B/B2
CEVC Map	<201>	<201>	<100>	<100>
Ingress Bandwidth Profile Per CEVC	CIR = 12, etc.	CIR = 12, etc.	CIR = 24, etc.	CIR = 24, etc.
Ingress Bandwidth Profile Per E-NNI Class of Service Identifier	No	No	No	No
Egress Bandwidth Profile Per CEVC	CIR = 12, etc.	CIR = 12, etc.	CIR = 24, etc.	CIR = 24, etc.
Egress Bandwidth Profile Per E-NNI Class of Service Identifier	No	No	No	No
CEVC per E-NNI Layer 2 Control Protocols Processing	Discard all but Service Provider Level OAM	Discard all but Service Provider Level OAM	Discard all but Service Provider Level OAM	Discard all but Service Provider Level OAM
Subscriber Layer 2 Control Protocols	Tunnel all	Tunnel all	Tunnel all	Tunnel all

Tabelle 3: Übersicht über E- NNI Serviceattribute [EASL07]

Teil der Serviceattribute stellen die *Class of Services* bzw. CoS (siehe Tabelle), die auch Bestandteil der sogenannten Geschäftsprozesse zwischen den Betreibern sind.

Für diese CoS ist das MEF bestrebt, wichtige Vereinbarungen bezüglich der EVC über Providergrenzen zu übertragen. Deshalb müssen Richtlinien und Absprachen getroffen werden. Dies ist notwendig, da nicht alle Netzbetreiber einheitliche CoS besitzen. Ein Beispiel ist der Austausch von verschiedenen Class-of- Services Parametern. Jeder Netzbetreiber hat andere Klassifizierungen und Skalen und so muss gewährleistet sein, dass garantierte Dienstgüten über die Netze eines anderen Betreibers transportiert werden und diese Quality of Service- Schemata kompatibel mit denen des „Zwischentransporteurs" sind.

3. Technische Grundlagen zu Ethernet NNIs (E- NNI)

Ethernet- Rahmen können auf vielfältige Weise durchs Weitverkehrsnetz transportiert werden. Der Ethernet- Handoff kann - je nachdem, auf welchem Layer Ethernet transportiert wird- durch verschiedene Techniken realisiert werden. Der technische Fortschritt erlaubt vielfältige Kombinationen auf den Layern 0-2 für die Stufen des LAN, MAN und WAN. Dieses Kapitel zeigt mögliche Varianten für einen Ethernet Handoff durch Tunnel auf, die im Folgenden einzeln erläutert werden. Bevor die Tunneltechniken beschrieben werden, wird erklärt, was eine virtuelle Verbindung bzw. ein *virtueller Circuit* ist. Die virtuelle Verbindung (EVC), welche die Ethernet Dienste *beinhaltet*, wird in Tunneln übertragen.

Der Tunnel kapselt die zu übertragenden Originaldaten. Durch den Tunnel können virtuelle Pfade in einem *PSN* aufgebaut werden. Den Zusammenhang zwischen Tunnelprotokollen, Ethernet Rahmen und der virtuellen Verbindung veranschaulicht die folgende Tabelle 4:

Träger-Protokoll (carrier protocol)	Transportiert Informationen (z.B. IP + UDP über ISDN)
Tunnel-Protokoll (encapsulating protocol)	Kapselt Originaldaten
Passagier-Protokoll (passenger protocol)	Protokolliert Originaldaten, die im Tunnel zu transportieren sind

Tabelle 4: Tunnelprotokolle [LEISC07]

3.1 Kommunikation in Netzen

In *Paket geswitchten Netzwerken* (PSN) wird die Information in Paketen gesendet. Pakete werden von Station zu Station weitergeleitet, bis sie ihr Ziel erreicht haben. Jedes Paket besteht aus einem Header und einem Payload (Nutzlast). Der Header enthält eines oder mehrere Felder, die die Verbindung des Pakets identifizieren, um dieses durchs Netzwerk zu switchen. Beim *Paket- Switching* werden *Virtuelle Circuits* (VC) und *Datagramme*[27] verwendet. Ein VC simuliert Mechanismen für das *Circuit Switching*. Die Pakete folgen dem PSN- Pfad, der aus mehren Stationen besteht.

Der Unterschied zwischen einer Ethernet Virtual Connection und einem Ethernet Virtual Circuit besteht darin, dass der vom Kunde in Anspruch

---

[27] Datagramme: IP Pakete

genommene Dienst (EVC) zwischen den Schnittstellen *Circuit* genannt wird. Beide Begriffsbezeichnungen sind virtuelle Verbindungen. Der EVC ist eine Ende zu Ende Verbindung, während ein Circuit z.B nur die virtuelle Verbindung vom UNI- C zum nächsten Station also quasi eine Teilstrecke ist. Ein Circuit besteht entweder aus einer Layer 2- gebridgten oder aus einer Layer 3 gerouteten Verbindung. Für die virtuelle Verbindung gibt es unterschiedliche Bezeichnungen und Interpretationen. Bei ATM wird sie als *Virtual Channel*, bei X.25 als *Virtual Circuit* und bei Frame Relay als *Virtual Connection* bezeichnet (vgl. [o.V. VC]).

Bevor zwei Nutzer kommunizieren können, muss außer im Falle von IP- Netzwerken eine Verbindung aufgebaut werden. Der große Unterschied zwischen Circuit- und Paket- basierenden Netzwerktechnologien liegt in der Art und Weise der Methoden, mittels derer der Pfad, über welchen die Information fließt, zwischen den Geräten bestimmt wird. Der Pfad kann entweder im Voraus aufgebaut werden oder die Daten können individuell über einen variablen Pfad gelenkt werden.

Beim Paket- Switchen wird im Gegensatz zum Circuit- Switching die reservierte *Kanal-Kapazität* auf jedem Übertragungs- bzw. Weiterleitungs- Pfad (*Transmission- Link*) *nicht explizit* dem VC zugewiesen. Die VCs, die denselben Weiterleitungspfad benutzen, teilen sich diesen. Falls Packet- geswitchte Netzwerke die *Virtuelle Circuit Switching Technik* in Anspruch nehmen, werden sie verbindungsorientierte Netzwerke genannt (vgl. [PERR05]).

Beim *verbindungsorientierten Circuit- Switching* (CO-CS) wird ein Circuit im Netzwerk, also eine Verbindung zwischen den Kommunikationspartnern im Netz aufgebaut. Für die Dauer der Verbindung wird eine feste und exklusive Verbindung bereitgestellt (vgl. [PERR05]), auch wenn zwischenzeitlich keine Daten gesendet werden. Dafür werden ein Kanal und Bandbreite für den kontinuierlichen Datenfluss entlang des Übertragungspfades reserviert. Für den Auf- und Abbau wird eine Signalisierungsmethode benutzt. Bei einer leitungsvermittelnden Übertragung ist die Dienstgüte etwa Qualität der (Sprach-) Übermittlung, Verfügbarkeit des Netzes, Zuverlässigkeit der Übertragung, Bitrate, Laufzeit usw. sichergestellt. Bei *verbindungslosen paketbasierten Netzwerken* (engl. *Connection Less- Paket Switched* (CL-PS)) sind sich die IP- Router und Ethernet- Switche der Verbindungen, die über sie laufen nicht bewusst und reservieren bzw. teilen der Verbindung *keine Ressourcen* zu. Jedes Paket wird anhand seiner Zieladresse individuell durch das Netzwerk geroutet. Pakete des gleichen Senders können verschiedene Routen durch das Netzwerk nehmen. Paket- geswitchte Netzwerke, die Datagramme nutzen, werden *verbin-*

dungslose Netzwerke genannt. Falls Ethernet jedoch über ein verbindungsorientiertes Paket-Switching Netzwerk wie ATM oder MPLS läuft, findet eine Reservierung der Kapazität entlang des Weges statt. Paketgeswitchte Netzwerke können daher entweder verbindungsorientiert oder verbindungslos sein. Gleiches gilt für den Fall, in dem IP im Zusammenhang *mit DiffServ* benutzt wird. Hier werden der Verbindung ebenfalls Netzwerkressourcen zugewiesen, jedoch nur für ein *Bündel von Verbindungen* (vgl. [PERR05]).

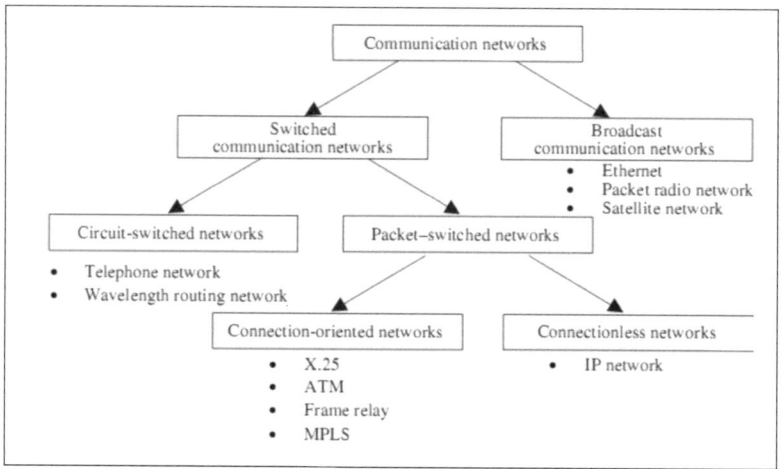

Abbildung 29: Circuit- und Paket- geswitchte Netzwerke [PERR05]

3.2 Der Ethernet- Handoff

Die folgende Tabelle gibt einen Überblick über Ethernet- Handoff- Varianten. Von der Kontroll- Ebene ausgehend können beim UNI Typ 3 Signalisierungsmechanismen für das Aufsetzen, Überwachen und Runterfahren von Verbindungen und zugehörigen Flows[28], vorgenommen werden. Ethernet- Dienste können über verschiedene Schichten übertragen wer-

---

[28] Vertiefende Literatur zum den Begriffen Flow und Connection findet sich in Quelle [MEF4, Appendix 1].

den. Eine Übertragung von IP Paketen über *SDH*[29] würde in einer Formel ausgedrückt den folgenden *Multi- Layer Stack* ergeben:

DWDM λ = $\sum$ *STM* = $\sum$ *VC* = $\sum$ *Flows* = $\sum$ *Packets* (vgl. [JAIN04])

Die Formel besagt, dass die Lambda Welle das Resultat der Summe mehrerer STM- Rahmen ist. Diese Rahmen bestehen wiederum aus einer Summe von Virtual Circuits bzw. Flows. Die Flows sind als Summe von Paketen anzusehen (vgl. [JAIN04]).

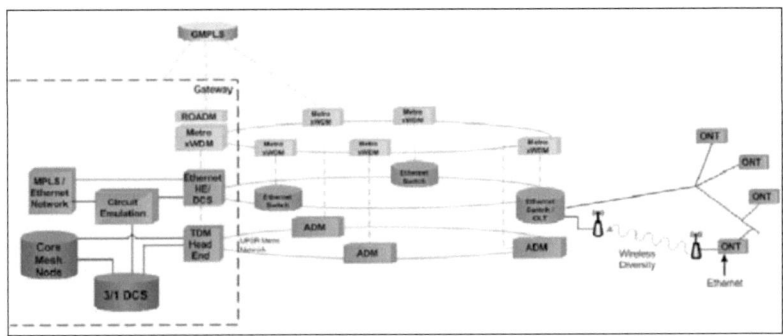

Abbildung 30: „Architektur- Vision"[30] *[RATT07]*

Ein Virtual Circuit entspricht einem *Label Switched Path* (LSPs) bei MPLS. Der Ethernet- Handoff wird durch Tunnelprotokolle vorgenommen. Die EVCs werden an der UNI Schnittstelle in Tunnel geleitet und dort übergeben bzw. terminiert.

---

[29] SDH: Synchrone Digitale Hierarchie: Das Protokoll stellt einen Transporttunnel. SDH besitzt ein eigenes Rahmenformat d.h. die Daten werden abgepackt in Container transportiert. SDH wird im Kapitel 2 behandelt.

[30] OLT: Optical Line Termination (in Vermittlungsstelle) und ONT: Optical Network Termination beim Kunden sind Begriffe aus dem PON d.h. der passiven optischen Netwerke. PON wird für den Zugang zu optischen Netzen genutzt. Weitere Informationen liefert das Gremiun: ITU-T Study Group 15

Layer	Handoff	Kennung / Verbindungs-Identifikator	Layer Kombinationen	Kontroll-Ebene
0	C/D- WDM, Wellenlängen-Switching	Wellenlängen-Switching durch Label Semantik bei G-MPLS (Label: VLAN ID + MAC Adresse)	• L0 – L2: Ethernet über DWDM • L0 – L2: IP über DWDM	G- MPLS, ROADM, Digital Wrapper, O-E-O
1	G- MPLS	L1, L2, L3 Identifikatoren, Lambda-	L1-, L2-, L3- Switching über L1 G-MPLS	Siehe Abschnitt 0
1	SDH	SwitchingKanal (VC) in einer VCG, Circuit z.B. eine STM-1 (bei ATM: Port, VPI, VCI, VP Bundle ID	• L1 und L2: Ethernet über SDH über WDM • L1 und L3: IP über SDH	GFP, LCAS, VCAT
2	Ethernet	MAC- Adresse, Port, VLAN- ID, S-Tag	NE bzw. Provider Bridges im Weitverkehrsnetz via IEEE 802.1ad + 802.1 ah	IEEE 802.1 ad und IEEE 802.1ah, Service Frames
2	Frame Relay	DLCI	Layer 2 Adaptionstechnik	Statistisches Multiplexen
2,5 bzw. 3	MPLS, IP	Label steht für Kundenkennung: z.B. DLCI oder VLAN	L „2,5" Ethernet via Label- Switching durch den MPLS- Shim Header	IP, LDP, BGP, OSPF
3	MLPS- Pseudowire (PW)	Label, MPLS PW Control Word	L3 Tunnel für L1, L2 und L3 VPNs	IP, LDP, BGP
3	IP	LAN, WAN IP- Adresse		L3 IP- Pakete via MPLS- L2 Label- Switching und LDP/BGP (Klassischer Layer 3 Transport durch L3 IP Router)
3 bzw.L2	L2TP[31]	802.1Q VLAN support, HDLC, Ethernet, Frame-Relay, ATM, 802.1p Mapping auf die DSCP bits, VLAN Trunking, Ethernet Trunking, VLAN Tunneling	Layer 3 Tunnel für Layer 2 Verkehr	IP, L2TP, Benutzerauthentifizierung, dyn. Adresszuweisung, Datenkomprimierung und -verschlüsselung, Schlüsselverwaltung

Tabelle 5: Überblick über Ethernet- Handoff- Varianten [eigene Auflistung]

---

[31] RFC 3931: L2TP. Der Aufbau des L2TP findet sich in Kapitel 3 des RFCs wieder. L2TP kann auch als Tunneltechnik für MPLS eingesetzt werden.

3.3 Layer 0: Optischer WDM Tunnel

Dieser Abschnitt zeigt den Aufbau der Glasfaser, auf der alle Layer 1-, Layer 2- und Layer 3 Rahmen übertragen werden. Außerdem wird im Laufe dieses Abschnittes weiter auf Techniken eingegangen, wie z.B. die Circuits, die mittels Wellenlängen übertragen werden können. Diese Techniken ermöglichen ein direktes Mapping von optischen Transporteinheiten (OTU) für IP- und Ethernet Wellenlängenservices.

Die Grundlage der Übertragung von optischen Signalen sind Lichtwellenleiter. Die Rolle des Informationsträgers übernimmt das infrarote Licht der Wellenlängen 850, 1300 oder 1550[32] Nanometer. In diesen optischen Fenstern ist die Dämpfung pro km am geringsten.

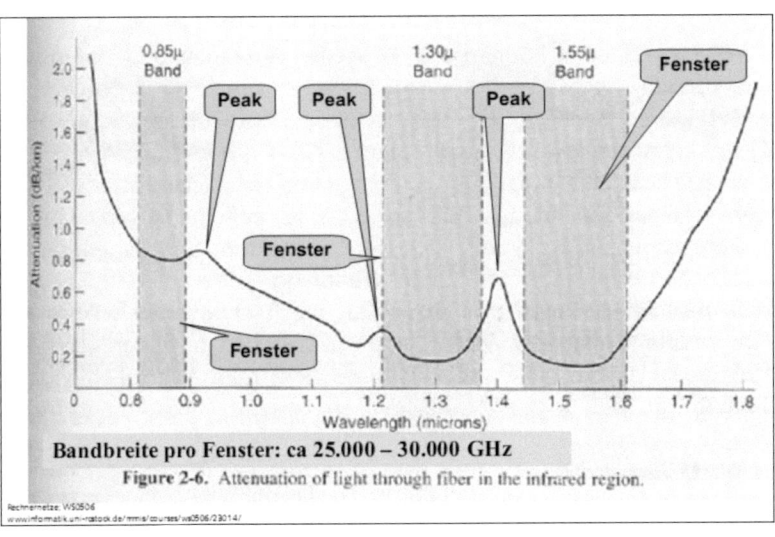

Abbildung 31: Optische Fenster [KIRS05]

Die Glasfaser wird in Einmoden- (SMF) und Mehrmodenfasern (MMF) unterschieden. Bei längeren Übertragungsstrecken muss neben der Faserdämpfung auf die chromatische Dispersion und die Polarisationsmodendispersion (PMD) geachtet werden. Die optischen Signale können auf dem langem Übertragungsweg im Impuls verbreitert werden

---

[32] Im dritten optischen Fenster, d.h. λ = 1550 nm kann eine Datenrate von 10 Gbit/s bei einer Entfernung von 100 km überbrückt werden kann.

oder sich mit unterschiedlichen Geschwindigkeiten ausbreiten. Deshalb ist es nötig das Signal aufzubereiten (vgl. [KRAU05]).

Wavelength Division Multiplex (WDM) ist ein physikalisches Multiplexverfahren. Im Gegensatz zum *Multiplexing via Zeitschlitzen* (TDM) sind die optischen Signale den Lichtfrequenzen (Wellenlängen, λ) innerhalb des Frequenzbandes gezielt zugeordnet (FDM). Jeder Wellenlängenkanal in der Glasfaser hat seine eigene zugewiesene Bandbreite. Im Gegensatz zum TDM kommen die Signale zur gleichen Zeit an und nicht hintereinander zeitlich geschachtelt. Es lassen sich jedoch auch andere optische Multiplexverfahren einsetzen, wie zum Beispiel eine Kombination der Übertragung von TDM- Datenverkehr über WDM (vgl. [KRAU05]).

3.3.1 WDM Architektur

Um WDM betreiben zu können und um Wellen verstärken und manipulieren zu können, werden mehrere Komponenten wie Laser, Modulatoren und Detektoren benötigt. Ein sogenannter „Photo Integrated Circuit" (PIC) vereint all diese Bausteine zu einem optisch integrierten Schaltkreis. Heutzutage sind PICs in der Lage, mehrere und unterschiedliche Wellenlängen mit einer Gesamtkapazität von 100 Gbit/s auf einem Chip zu vereinen. Darüber hinaus kann an jedem Netzwerkknoten eine Regeneration der optischen Impulse mittels OEO- Wandlung vorgenommen werden. Daraus resultieren Zugriffsmöglichkeiten auf Managementfunktionen, um Datenströme einzelner Wellenlängen zu switchen, hinzuzufügen oder auszukoppeln. Diesen Mechanismus bezeichnet man als Wellenlängen-Grooming (vgl. [MELL05], [TRAU04]).

3.3.2 WDM Techniken

Da in einem photonischen Netz nicht alle Kanäle den gleichen Quellen- und Zielort haben, ist es erforderlich, einzelne Wellenlängen oder Wellenlängengruppen hinzuzufügen oder auszukoppeln. Hierfür werden optische Filterelemente, sogenannte Add/Drop-Multiplexer (ADMs), benötigt. Mit optischen Cross Connects (OCC) werden Kanäle von beliebigen Eingangsfasern auf beliebige Ausgangsfasern geschaltet. Durch den Aufbau eines ADM- Ringes ist ein Switchen der Wellenlängen durchs Netz möglich. (vgl. [KRAU05]).

Rekonfigurierbare optische ADMs (ROADM) eliminieren den Bedarf für „Multi- Service liefernde Switch Plattformen (engl. MSPP[33])", indem sie *die Digital Wrapping-* Technik nach dem ITU G. 709[34] Standard nutzen. Diese Technik ermöglicht es, Ethernet Services zu kapseln und mit Hilfe der d*igitalen Rahmen- Transport- Technologie* (DTF) direkt über die Wellenlänge im Netzwerk zu verschicken. So lassen sich Gigabit Ethernet Ports direkt auf die Welle schalten bzw. kann ein Layer 3 Service, wie z.B. IP über DWDM ermöglicht werden. Des Weiteren kann in Zusammenarbeit mit SDH und GFP- F ein Containertransport von Layer 2 Daten direkt auf die Welle platziert werden (vgl. [RUHRM06], [OCON07]).

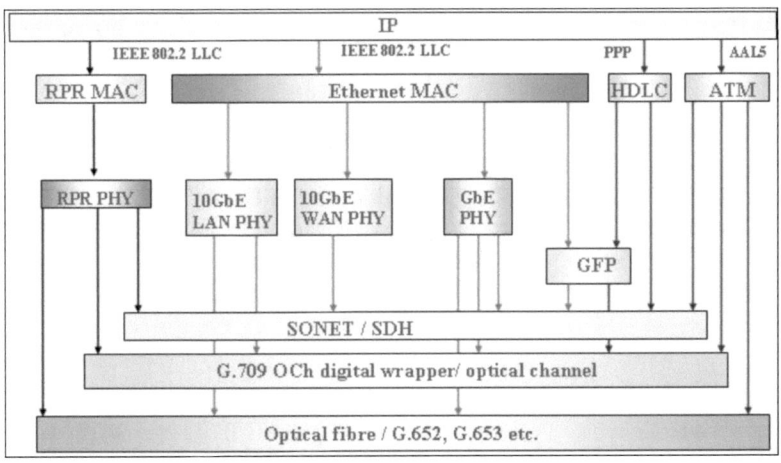

Abbildung 32: IP über OTN (engl. Optical Transport Network) [TRYA02]

3.3.3 Grobes und dichtes Wellenlängenmultiplex

Für das *grobe* (engl. coarse) *Wellenlängenmultiplex* (CWDM) im Singlemodebereich sieht die Norm ITU-T G.694.2 ein Wellenlängenraster von 1.270 nm bis 1.610 nm mit einem Kanalabstand von 20 nm (> 1000 GHz) vor. Daraus resultieren insgesamt 18 Wellenlängenkanäle. Bei herkömmlichen Singlemode LWL werden jedoch meist nur die oberen acht Kanäle

---

[33] Sogenannte „Multi Service Provisioning Plattforms" (MSPP) fügen dem ADM Layer 2 und Layer 3 Funktionen, wie Ethernet VLAN Fähigkeiten oder Routingmechanismen zu und arbeiten mit den C/DWDM Layer zusammen [BRÜCK05].

[34] „Optische Transport Netze" und der Begriff „Optische Transport Einheit" (engl. OTU) wird in der Quelle [ITU03], [o.V.] beschrieben.

(1.470 nm bis 1.610 nm) genutzt. Man erhält somit 2,5 Gbit/s pro Kanal bei einer unverstärkten Reichweite von bis zu 80 km. [vgl. EBER03].

Beim *dichten Wellenlängenmultiplex* (DWDM) liegen die Spektralfarben bzw. Wellenlängen dicht beieinander. Der Frequenzbereich der Wellenlängen liegt üblicherweise im C- oder L-Band bei einem Frequenzabstand von 0,4 nm (50 GHz) bis 1,6 nm (200 GHz). Diese geringen Frequenzabstände können nur erreicht werden, indem temperatur- und wellenlängenstabilisierte Laser (thermostatierte DFB-Laserdioden) sowie hochwertige Filter eingesetzt werden. Daraus resultieren Datenübertragungsraten von 10-40 Gbit/s pro Kanal bei bis zu 80 Kanälen. Durch Kombination des C- und L-Bandes sind nun bis zu 160 Kanäle möglich. Je nach Hersteller, Netzdesign und Glasfasertyp sind optische Verstärker alle 80 bis 200 km sowie eine elektrische Daten-Regeneration alle circa 600 bis 2000 km erforderlich.

DWDM kann drei Arten von optischen Verbindungen switchen. Dazu gehört das bereits kennengelernte CO-CS (Optical Circuit Switching (OCS)), das optische Packet Switching und das optische Burst Switching (OBS). Das OBS bietet sich für burst- anfälligen Traffic an. Heutzutage wird jedoch die OCS bzw. CO-CS- Technik auf den digitalen WDM- Knoten des optischen Layer verwendet, um Wellenlängen Circuits zu switchen (vgl. [PERR03]).

3.3.4 DWDM über CWDM

DWDM über CWDM befasst sich mit dem Überschreiten der erforderlichen Kapazität von acht Kanälen einer WDM- Strecke während des Betriebszeitraumes. Liegt eine Überschreitung vor, so können ein oder mehrere CWDM Kanäle im S-, C- oder L-Band durch eine Vielzahl DWDM-Kanäle ersetzt werden. Bringt man in allen acht CWDM-Kanälen je acht DWDM Kanäle mit 100 GHz Kanalabstand unter, so ergibt dies 64 Wellenlängen. Bei einer Reduzierung des Kanalabstands auf 50 GHz oder 25 GHz sind 128 beziehungsweise 256 Wellenlängen realisierbar (vgl. [EBER03]).

Die sogenannte DWDM-über-CWDM- Technik erlaubt es, mit geringen Kosten in ein CWDM-System zu investieren und die gewünschten Anforderungen an Bandbreiten auszubauen.

3.4 Layer 1: SONET/SDH Tunnel

Layer 1 Tunnel nutzen SONET/ SDH als Tunneltechnik. Daher wird ein Mechanismus benötigt, um Ethernet auf SONET zu adaptieren und eine logische Verbindungen zwischen den Teilnehmern zu erstellen (vgl. [THOM02]).

Die *synchrone digitale Hierarchie* (SDH) ist ein Transportmechanismus bzw. Übertragungssystem für sprach- und paketbasierte Daten im Weitverkehrsnetz, die die Glasfaser nutzt und auf der Ebene des Layers 1 arbeitet. Das von der ITU-T für Europa zertifizierte SDH nutzt die Bitübertragungsschicht und erstellt die schon eben erwähnten logischen Verbindungen zwischen den Teilnehmern (vgl. [FUJI04]. Innerhalb diesem mit SDH Technik ausgestatteten Netz wird ein synchroner Takt genutzt. SDH wurde bisher vorrangig als Technologie für die bereits erwähnten zeitgeschachtelte Multiplex- Dienste (TDM) wie z.B. ATM oder Voice- Traffic genutzt und bietet dem „geswitchten Circuit" bzw. dem Kunden eine dedizierte Verbindung, d.h. eine fest zugewiesene Bandbreite an. Im Fachjargon wird die zugewiesene Bandbreite und der für Managementfunktionen nötige Pfad- Overhead als *Virtueller Container* (VC) bezeichnet (vgl. [SCHU01]). Mit Hilfe von Verkettung (Concatenation) können mehrere VC zu einem höherbitratigen logischen Kanal verbunden werden. Dieses erstellte Bündel aus mehreren Containern nennt sich *Virtual Concatenation Group* (VCG)[35] (vgl. [SCHU01], [LACY03]). Die folgende Abbildung 33 zeigt den Tunneltransport bzw. den SDH Ethernet Handoff.

---

[35] SDH Standards finden sich bei der ITU unter dem Standard ITU- T G. 707 / G. 7042.

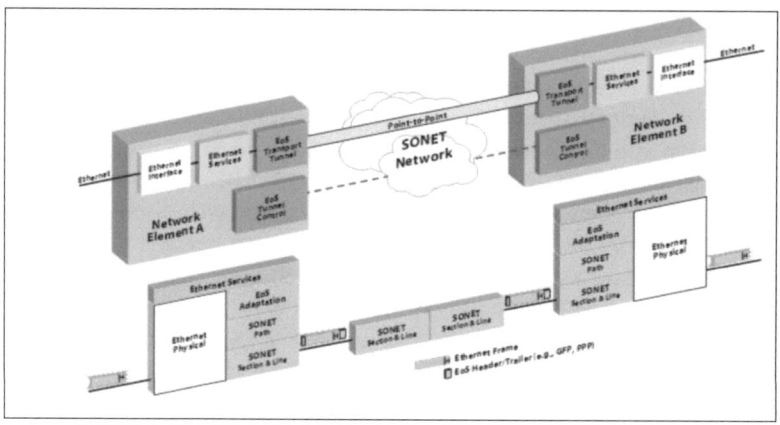

Abbildung 33: Das Netzwerk und das Protokollmodell für den Layer 1 [FUJI04].

Bezüglich der SDH Architektur ist festzuhalten, dass das bisher für TDM-basierten Verkehr genutzte SDH Netzwerk nach [SMAL06] aus

- SONET/SDH Add/ Drop Multiplexern (ADMs) und
- digitalen Crossconnects (DCXs) besteht.

Add Drop Multiplexer sind in der Lage, VC aus dieser VCG, auch VCAT–Kanal genannt, hinzufügen bzw. herauszuschneiden. Dieser Zugriff auf die Nutzdaten wird durch Pointer realisiert (vgl. [SCHU01]). ADMs werden vorwiegend am Rand des Netzes eingesetzt. Sogenannte Protections Paths (Ausfallswege) schalten im Fehlerfall innerhalb von 50 ms einen Ersatzpfad.

Ein SDH- Netzwerk besteht aus vermaschten Knoten. Zwischen diesen einzelnen Knoten liegen verschiedene Transportabschnitte, die entsprechend ihrer Begrenzung bezeichnet werden. So wird der Abschnitt zwischen Signalverstärkern als Regenerator-Section bezeichnet und der Abschnitt zwischen zwei Multiplexern als Multiplexer Section (vgl. [SCHU01]). Der *Digital Cross Connect*- Baustein gruppiert und mappt Container mit dem gleichen Ziel und lässt sie via DWDM transportieren (vgl. [SMAL06]).

Auf die Bestandteile eines SDH Rahmens wird im Folgenden nur kurz eingegangen. Hervorzuheben sind die im SDH Rahmen enthaltenen O-verhead-Bytes. Diese sind für verschiedene Abschnitte einer Übertragungsstrecke von Bedeutung, da sie konfigurierbare nutzbare Attribute enthalten. Es handelt sich hier um

- *Regenerator Section Overheads* (RSOH), die die Steuerung der Strecke zwischen zwei Repeatern oder Multiplexer und Repeater betreffen
- Multiplexer Section Overhead (MSOH), bei denen es um die Steuerung zwischen zwei Mutliplexern über Regeneratoren hinweg geht.

Die Container enthalten zusätzlich einen Path-Overhead (POH), der die Steuerung einer gesamten Strecke über mehrere Multiplexer ermöglicht (vgl. [SCHU01], [GRIM07]).

Zusammengefasst lässt sich sagen, dass SDH als reiner Transportlayer anzusehen ist, der Mechanismen für Dienstgüten (QoS) bereitstellt. Für den Transport der über SDH gelieferten Dienste wird DWDM genutzt.

SDH stellte bisher keine Mechanismen bereit, **um paketorientierte Daten** an die starren SDH Strukturen anzupassen. Dabei sind paketorientierte Daten asynchron auftretende Ethernetrahmen mit Burstcharakter und unterschiedlicher Datenpaketlänge. Deshalb stellt man sich die Frage, wie Ethernet- Rahmen in SDH oder xWDM Strukturen übertragen werden können und wie eine flexible Mehrpunkt- zu Mehrpunkt- Verbindungen in Transportnetzen realisierbar ist (vgl. [HAAS05]). Bisherige Adaptionstechnologien, die den Ethernet Handoff durch SDH für Punkt- zu- Punkt Verbindungen ermöglichten, waren:

- Packet over SONET (PoS), d.h. IP im Punkt zu Punkt Protokoll (PPP),
- High- Level Data Link (HDLC) basierte Technologien [RFC 2176].

Um erweiterte Interoperabilität zwischen verschiedenen Herstellern zu ermöglichen und das Problem der dynamischen Bandbreitenanpassung bei SDH zu beheben, verabschiedete die ITU neue Standards. In NG- SDH Netzen wird statistisches Multiplexen angewendet, um die volle Kapazität der Leitung bis hin zur PIR nutzen zu können. Dadurch ist es möglich, unvorhergesehenen Ethernet- Burst Traffic zu handeln. Priorisierungsverfahren sowie Flusskontrollmechanismen wirken der Überauslastung des Übertragungskanals entgegen (vgl. [LACY03]).

3.4.1 Ethernet Transporttechniken

Im Folgenden werden die drei Techniken für das NG-SDH verkürzt dargestellt.

3.4.1.1 Generic Framing Procedure (GFP)

Die *Generic Framing Procedure* (GFP, ITU-T G.7041) übernimmt das Verpacken der Ethernet Daten in sogenannte GFP-Frames und arbeitet dabei mit dem Layer 2 und dem darunterliegenden Übertragungsmedium. GFP passt die Bitraten und die auf Ethernet abgestimmte Rahmenstruktur an und ermöglicht ein vorhersagbares Durchsatzverhalten. Technisch gesehen werden Nutzdaten variabler Länge in SDH VC Gruppen gemappt. Neben dem Verpacken von Paketen erlaubt GFP auch das Multiplexen von mehreren Ethernet- Schnittstellen in einen VCAT- Kanal. Ein weiterer wichtiger Punkt ist, dass beim MAC- Layer Informationen wie Ziel- und Quelladresse, sowie FCS (Frame Check Sequence) erhalten bleiben. GFP ist für den Layer 1 (GFP- T), sowie Layer 2 (GFP-F) verfügbar (vgl. [HAAS05]).

3.4.1.2 Link Capacity Adjustment Scheme (LCAS, ITU- T G.7042)

Link Capacity Adjustment Scheme (LCAS, ITU- T G.7042) arbeitet eng mit GFP und mit der im Nachfolgenden beschriebenen "virtuellen Verkettung" (VCAT ITU 707/ Y.1332) zusammen. Ein SDH- Kanal, der aus mehreren SDH- Containern bestehen kann, kann durch LCAS dynamisch an die Bandbreite angepasst werden. Dabei kümmert sich LCAS um die Signalisierung auf der Gegenstelle, wo die Veränderung für die Erweiterung bzw. Verringerung der Bandbreite ausgehandelt wird. Das Aushandeln der Bandbreite erfolgt durch Interaktion mit dem Pfad- Overhead. LCAS besitzt eine Methode, um die Mitgliedschaft von Kanälen im Transporttunnel zu identifizieren. Es liefert aber kein Verbindungsmanagement für den Kanalpfad. Ebenso gibt es keine automatische Kontroll- Ebene bei SDH (vgl. [FUJI04]).

3.4.1.3 Virtuelle Verkettung (VCAT)

Die bisher im SDH Netz angewandte Verkettungstechnik heißt *zusammenhängende Verkettung* (Contiguous Concatenation). Mit Hilfe diesem Mechanismus ist es möglich, dass jeder Kanal innerhalb einer VCG verschiedene Pfade wählen kann. Die *virtuelle Verkettung* (VCAT) transportiert parallel verlaufende Nutzdatencontainer individuell durchs Netzwerk und ordnet diese am Ziel wieder in die richtige Reihenfolge. Der VCAT Mechanismus ist dem inversen Multiplexenmechanismus ähnlich (vgl. [[SNOE99]).

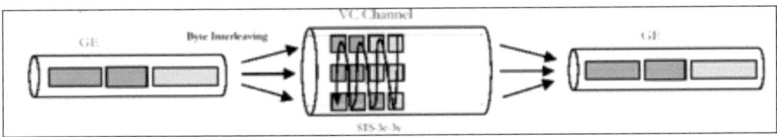

Abbildung 34: VCAT Mechanismus [SNOE99]

Der IEEE 802.3ae Standard ermöglicht LAN und WAN PHYs. Diese Ethernetschnittstelle bietet sieben Schnittstellen für LAN und WAN Verkabelung. Sie verbindet die Ethernet-LAN und SDH- WAN Technik und ermöglicht ein SDH Framing bzw. Mapping des asynchronen Übertragungsprotokolls Ethernet (vgl. DETK05]).

3.4.2 Ethernet Private Line (EPL)

Der Transport der E- Line Ethernet Punkt- zu- Punkt- Verbindung erfolgt noch vermehrt durch die SONET/ SDH- Technik bzw. Infrastruktur. Die bereitgestellte Bandbreite steht dem Nutzer der EPL exklusiv zur Verfügung. Der EPL- Service wird ausschließlich von Port zu Port übergeben, wodurch man sich die VLAN- Konfiguration erspart. LCAS ermöglicht eine dynamische Anpassung der Bandbreite. Der Ethernet- Handoff kann jedoch auch via HDLC oder PPP erfolgen. Dieser Service kann ausfallsicher durch einen redundanten Ersatzpfad in Anspruch genommen werden (vgl. [Payne07], [WARD07]). Folgende Abbildung 35 zeigt direkt und indirekt an den ADM- Ring angeschlossene Kunden.

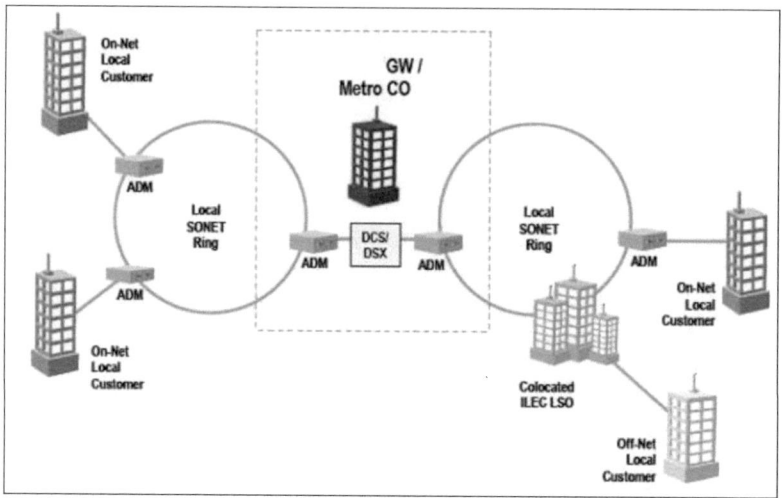

Abbildung 35: EPL Architektur [LEVE07]

SDH ermöglicht auch Punkt- zu- Multipunkt- Verbindungen. Die sogenannte Hub- and Spoke- Technik ermöglicht basierte Verbindungen auf SDH Basis. Ethernet Privat LAN liefert Mehrpunkt- zu- Mehrpunkt- Verbindungen über ein SDH- Netz. Hierbei sind keine Punkt- zu- Punkt- Verbindungen zwischen allen Standorten notwendig. Die Standorte teilen sich die im SDH- Netz bereitgestellte Bandbreite (vgl. [HAAS05])[36].

3.4.3 SDH Tunneltechniken

Um Funktionen der Kontrollebene[37] zu nutzen, muss auf Attribute von SDH zugegriffen werden können. Neben den NG- SDH Funktionen wie GFP, LCAS und VCAT, besteht weiter die Möglichkeit, Attribute im MS- und RS- Overhead zu nutzen. Auf der Schicht 1 wird EoS durch einen SDH Tunnel an die UNI übertragen. Die G- MPLS Technik bietet die Möglichkeit einer Kontrollebene für SDH. Diese Variante wird in Kapitel 0 vertieft.

---

[36] Gründe, die gegen den Einsatz eines SDH- Multipunkt Dienstes sprechen, können in der Quelle [LACY03] nachgelesen werden.
[37] RFC4257: Framework für GMPLS- Switching von optischen SDH Netzwerken

3.5 Layer 2: Ethernet Tunnel

Beim Layer 2 Tunnel gibt es zwei Bestandteile: die im Zugangsbereich zum MAN unterstützende Frame Relay (FR) Tunneltechnik und den Ethernet Tunnel.

Im **Frame Relay** versteht man unter einer virtuellen Verbindung „die Verbindung zwischen den Endbenutzern, bei der die Endpunkte und die Route definiert sind, nicht aber die Bandbreite der Übertragungsstrecke. Diese wird bei Bedarf in Abhängigkeit von dem Verkehrsstrom zugeteilt" [o.V._VC]. Es handelt sich um ein verbindungsorientiertes WAN Protokoll, das auf der Bitübertragungsschicht und dem Data Link Layer des OSI Referenzmodells arbeitet. FR transportiert Pakete mit variabler Länge und überträgt dabei die Pakete *statisch gemultiplext*. Statistische Multiplexverfahren werden in PSN Zugangsnetzen eingesetzt, so dass die Bandbreite hier effizient und flexibel ausgenutzt werden kann. Virtuelle Verbindungen können bei Frame Relay in Form einer Festverbindung, der sogenannten *permanent virtual circuit* (PVC) oder in Form von geswitchten Verbindungen (*switched virtual circuit* bzw. SVC) übertragen werden. Die virtuellen Verbindungen (VC) werden wie in ATM über DLCIs identifiziert (vgl. [HELL05], [RIGG04], [HORN06]).

Insgesamt wird diese Technik jedoch nicht mehr so häufig verwendet und ist auch nicht zwingend Voraussetzung für die Ethernet Technik.

Ethernet Dienste können auf der physikalischen Schicht oder der MAC-Schicht übertragen werden. Die Broadcastfähigkeit der Layer 2 unterscheidet sie von Layer 1 Tunneln. Diese Fähigkeit kann nützlich werden, um in einem Netzwerk auf Basis des Layer 2 Multipunkt Ethernet Services anbieten zu können. Ethernet wurde bisher nicht als Tunneltechnologie angesehen. Der *Ethernet Service Layer* nutzt jedoch Techniken wie verschachtelte VLANs, um einen Tunnel durch das WAN zu „graben". Schicht 2 Tunnel sind in der Lage, Schicht 1 Tunneltechnologien bzw. Transportlayer wie WDM, SDH und MPLS zu nutzen (vgl. [FUJI04]). Das reine, pure Ethernet (NE) besitzt eine unabhängige Kontroll- und Managementebene, die für den Service Layer genutzt werden kann. Provider können durch die Inspektion des VLAN Tags bzw. durch Service- Rahmen von der Kontrollebene ausgehend entscheiden, wie eine Netzwerkbrücke gemanaged werden kann.

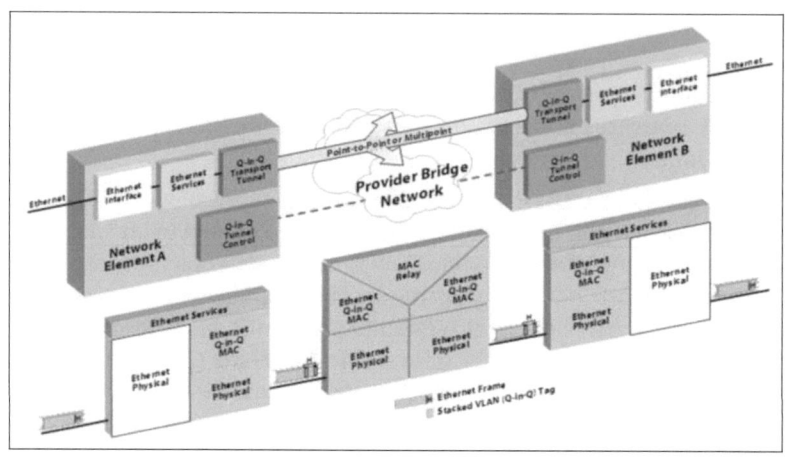

Abbildung 36: Tunneling von Ethernet auf der Schicht 2 [FUJI04]

3.5.1 VLAN Tunnel

Der *Layer 2 Tunnel* besteht aus geschachtelten VLANs. Die Tunneltechniken für virtuelle Ethernet Verbindungen sind wie bereits erwähnt IEEE 802.1ad Provider Bridges (a.k.a. Q-in-Q) und IEEE 802.1 ah (a.k.a Mac-in-Mac). Das gebridgte *Provider Netzwerk* (PBB) nutzt das neue VLAN- Tag mitsamt der ursprünglichen Ethernet Zieladresse, um jeden Ethernet Frame, der Funktionen für Ethernet Services beinhaltet, zu transportieren und voneinander zu trennen. Dem Ethernet Service Layer wird durch die logische Segmentierung der VLAN– Tags sowie durch die Broadcastfähigkeit des Ethernets eine Punkt- zu- Punkt- Verbindung oder Multipunkt- Verbindungen ermöglicht. Das private VLAN kann somit mehrere Mitglieder sowie mehrere Ethernet Services Layer Instanzen beinhalten.

Die Kontrollebene von Ethernet bietet das VLAN mit RSTP und MSTP für das Topologiemanagement. GVRP hingegen ist für die Konfiguration sowie das Management zahlreiche Funktionalitäten zuständig (vgl. [FUJI04]).

3.5.2 Provider Backbone Transport (PBT) mit IEEE 802.1 ah

Der PBT Ansatz beruht auf NE. „Die Weiterleitungsinformationen werden nicht vom Switch durch Flooding oder Lerntechniken sondern direkt von der Managementebene zur Verfügung gestellt, da sich das STP sich nicht für komplexe vermaschte Topologien eignet." [[GERM07] S. 2]. Beim

PBT- Ansatz werden statische Tabelleneinträge genutzt. Die STP Funktion (MAC- Lerneigenschaft) wird beim IEEE 802.1 ah Standard abgeschaltet. Die Flows (Flüsse), VC bzw. CEVC- Attribute werden durch das VLAN-Tag getrennt und der Datenverkehr wird in genau konfigurierte Tunnel gemappt. Damit die Switche den Pfad bzw. Tunnel kennen, wird der Switch mit SNMP MIB Kommandos angesprochen und vorkonfiguriert. Das Kunden- und Providernetz sind durch das IEEE 802.1ah Protokoll mit seiner *MAC in MAC Technik* voneinander getrennt. Ein Netz- und Servicemanagement ermöglicht der IEEE 802.1 ag und der ITU-T Y.1731 Standard. Die beiden Protokolle kümmern sich um Fehlermanagement und Kontrollmechanismen, wie z.B. die Überwachung von Frameverlusten, Verzögerung und Jitter. Die Kapazitätsplanung, Netzauslastung sowie die Möglichkeit zur Abrechnungsdatenerhebung ist ebenfalls Bestandteil von OAM (vgl. [GREE07]).

„Das PBT ist verbindungsorientiert und nutzt statische Tupel. Ein Tupel besteht aus DA- MAC, VID und Port. Dieses 60 Bit Label wird genutzt, um einen „Ethernet Label switched Path" (durch das Ethernet Label festgelegten Pfad) zu erzeugen." [GREE07, S.88].

Der 802.1 ah Standard erlaubt 16 Millionen Serviceinstanzen. Der Frame bzw. VLAN- Rahmen des Kunden wird gekapselt in den 802.1 ah Rahmen eingefügt. Beim 802.1 ad Standard (PBB) gibt es nur das Kunden- (C-VLAN) und Provider- Tag (S-VLAN). PBB dagegen nutzt einen weiteren MAC Header und Tag. Das zusätzliche Tag, das I- Tag bzw. der Servicein-stanzwert, hat eine Länge von 24- Bit. Das I- Tag kann einen im 802.1 ah Rahmen gekapselten S-VLAN Dienst eines Kunden identifizieren. „Bei einem Übergang in ein anderes Netz findet ein Mapping bzw. eine Umsetzung von S- VID und I- SID statt." [GREE07, S.87]. In der Quelle [BOTT04] wird beschrieben, wie die VLAN- Konfiguration mit Hilfe von IEEE 802.1 ah für die E- LINE, E-LAN und E- TREE Dienste umgesetzt wird. Dabei zeigt sich: „Der 802.1 ad Standard wird überwiegend in Zugangsnetzen genutzt. PBB bietet sich als Tunneltechnik fürs MAN und WAN an." [[HUYN07], S.25]. Der PBT- Ansatz kommt ohne komplexe und teure Netz- Overlay– Techniken wie MPLS aus.

3.6 Layer „2,5": MPLS Shim- Layer und Layer 3 Tunnel

„Das MPLS Netzwerk besteht aus Switchen und Router, die mit Glasfaserverbindungen verbunden sind. Die Kontrollebene von MPLS besteht aus IP - Routing und

MPLS - Signalisierungsmechanismen[38]"[HUSS07]. Die MPLS- Technik[39], die eine *Datenform switchende Technologie* für Schicht 2 Rahmen und Schicht 3 Pakete darstellt, eignet sich besonders gut, um die Aufgabenstellung einen Ethernet Handoff, d.h. einen Transport von Schicht 2 Ethernet Rahmen und Diensten im Weitverkehrsnetz, vorzunehmen. MPLS adaptiert Rahmen, Pakete bzw. VLANs in dem eigens entworfenen MPLS- Rahmen. MPLS übernimmt das Routing für die im Ethernet Rahmen enthaltenen IP-Pakete[40], die einem VLAN zugeordnet sind[41]. Dadurch verlagert man den Layer 3 quasi auf den Layer 2. Das MPLS- Protokoll setzt jedoch ein IP- Netz voraus, um auf den IP- Schicht aufsetzende Routingprotokollen die Wegewahl bzw. die Route durch das Weitverkehrsnetz zu ermöglichen (vgl. [FUJI04]). Vor der eigentlichen Datenübertragung wird zuerst ein Pfad in Form eines Tunnels, ein sogenannter *Label- switched Path* (LSP), aufgebaut. MPLS erlaubt es auch, Pfade speziell und somit explizit anzugeben (Stichwort Explizit Routing[42]). Durch das LDP - Protokoll wurde der LSP aufgebaut. Das LSP- Tunnellabel ist das äußere Label im MPLS- Rahmen, wie in folgender Abbildung 37 zu sehen ist. Es lässt erkennen, wie ein im Ethernet Rahmen enthaltenes IP Paket durch den MPLS Rahmen gekapselt wurde.

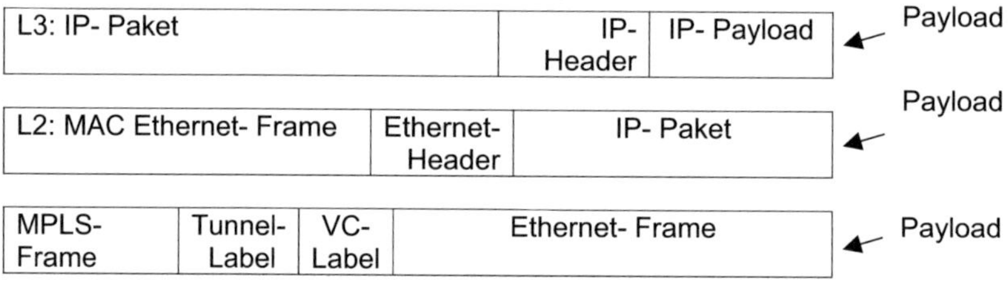

L3: IP- Paket			IP- Header	IP- Payload	← Payload
L2: MAC Ethernet- Frame			Ethernet- Header	IP- Paket	← Payload
MPLS- Frame	Tunnel- Label	VC- Label	Ethernet- Frame		← Payload

Abbildung 37: Ethernet Frame Payload Kapselung [eigene Darstellung]

---

[38] MPLS Kontrollebene: LSP Signalisierung (LDP, BGP), Traffic Engineered LSP Signalisierung (RSVP- TE), TE- Routing (OSPF,TE,ISIS-TE) [LEHM04]
[39] Das MPLS- Protokoll bietet eine Basis für leitungsbasierte und paketgeswitchten Datendienste und ist in der Lage, u.a. IP Pakete, ATM, SDH und Ethernet Rahmen zu übertragen.
[40] Falls es sich um Internet, d.h. Word- Wide- Web IP Verkehr handelt, wird jeder Rahmen bzw. Paket einzeln angesehen.
[41] MPLS besitzt einen eigenen Klassifizierungsmechanimus für die zu übertragenen Rahmen bzw. Pakete. Rahmen bzw. Pakete, die das gleiche Ziel, haben werden sogenannten „Weiterleitungsklassen" (engl. Forwarding Equivalence Class bzw. FEC) zugeordnet. Diese FEC ist Teil des MPLS- Labels.
[42] Das explizite Routiung kann auch für den Aufbau von MPLS basierenden Tunneln und VPNs genutzt werden(Stichwort LDP- CR).

Der nun aufgebaute Weg von A nach B, der durch mehrere Stationen (Router) führen kann, ist durch einen Tunnel miteinander verbunden sind. Der Tunnelaufbau durch die einzelnen zwischengelagerten Stationen wird durch *Label Stacking* erreicht. Im Anschluss daran werden die Ethernet Rahmen in den MPLS Rahmen gekapselt, mit einer Kennung (Label) versehen und von Station zu Station geswitcht. Dabei trennt MPLS die Kontroll- und Datenebene voneinander. Im Gegensatz zu herkömmlichen Layer 3 IP- Routern, die in jeder Zwischenstation IP- Pakete auslesen müssen, um sie an die nächste Station weiterleiten zu können, verkürzt sich somit die Verzögerung für das Auslesen und Weiterleiten durch das sogenannte MPLS- Layer 2 Label- Switching sehr stark. MPLS Router nutzen auf der Kontrollebene Protokolle, wie das *Label Verteilungs Protokoll* (Label Distribution Protokoll bzw. LDP) oder das *Ressourcen- Reservations Protokoll*, um den LSP zu kontrollieren und Ressourcen entlang des Weges bereitzustellen (vgl. [FUJI04]). In einem MPLS betriebenen IP- Netzwerk, das mit Ethernet betrieben wird, wird ein spezieller MPLS- Header, *Shim- Layer* genannt, zwischen IP- und LLC- Header platziert. Der *Shim- Header* erzeugt ein Transportformat, d.h. ein Label für das Transportformat, wie z.B. SONET, VCI/VPI bei ATM, Lambda beim OXC. Ein Ansatz, um die Fähigkeiten von Ethernet hin zu einer geswitchten Technik auszuweiten, wird durch eine Verbesserung am MAC- Frame- Header erreicht, indem die VLAN ID eine Art von Labelsemantik bieten kann (vgl. [PAPA05]). MPLS bietet Load Balancing Mechanismen für verteilten den Lastausgleich von Datenströmen.

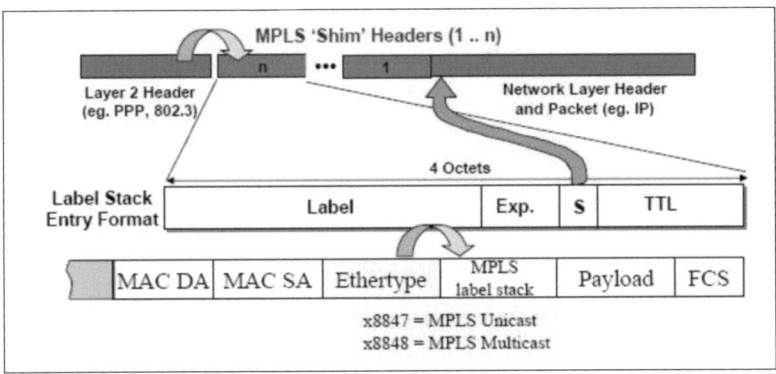

Abbildung 38: Shim- Header im MPLS- Rahmen [KNOL07]

Wenn ein IP- Paket am Label Switched Router (LSR) ankommt, wird das im MPLS Header übertragene Label mit dem zuständigen Label für den nächsten Hop aus der Labeltabelle gekreuzt. So kann das IP- Paket an den Ausgangsport des LSR geswitcht werden. Dieser verbindet sich mit dem nächsten LSR. MPLS bietet durch *Pseudowires* (PW) die Möglichkeit Schicht 1-, Schicht 2- und Schicht 3 Rahmen und Dienste in Form eines VPNs zu übertragen. Grundlage für Pseudowires bilden die *virtual circuits*. Pseudowires sind in der Lage, Dienste zu emulieren (Stichwort *Pseudowire Edge to Edge (PWE3)*. Zur weiteren Vertiefung werden die PW- Dienste werden in Kapitel 5 betrachtet; ebenso die OAM und QoS bei MPLS.

3.6.1 G- MPLS für den Layer 1, 2 und 3

G- MPLS[43] bietet eine universelle Kontrollebene für 5 Datenebenen (vgl. [GREE07]):

- PSC (paket geswitchte Schnittstelle) mit IP/MPLS,
- TDM (leitungsbasiert, zeitgeschachtelt) mit SONET/ SDH,
- FSC (Glasfaser geswitchte Schnittstelle),
- LSC (Wellenlängen geswitchte Schnittstelle) mit λ,
- L2SC (Schicht 2 geswitchte Schnittstelle) mit Ethernet.

Folgende Abbildung verdeutlicht die Möglichkeiten des G-MPLS Switching:

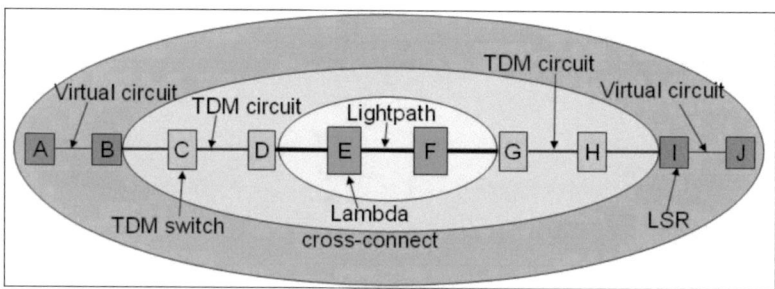

Abbildung 39: Hierarchische LSPs mit Interconnects auf Basis von „generellen Labels" [SHAY]

Im Mai 2008 wird eine Neuauflage des RFC 3471 erscheinen. Mit *generalisierten Labels* ist es dann möglich, Wellenlängen zu markieren und zu

---

[43] Signalisierungsparameter und mögliche Ethernet- Handoff Varianten sind in der Quelle [RFC 3471:GMPLS] zu finden wie z.B. Digital Wrapper, SDH und Ethernet.

switchen (vgl. [OTAN07]). Auf der *Wellenlängen- Switching- Ebene* arbeitet das LSC- Equipment, wie z.B. rekonfigurierbare optische Add/Drop Multiplexer (ROADM) und Wellenlängen Cross-Connects (WXC). Folgende Abbildung illustriert das Wellenlängen- Switching über mehrere Stationen hinweg.

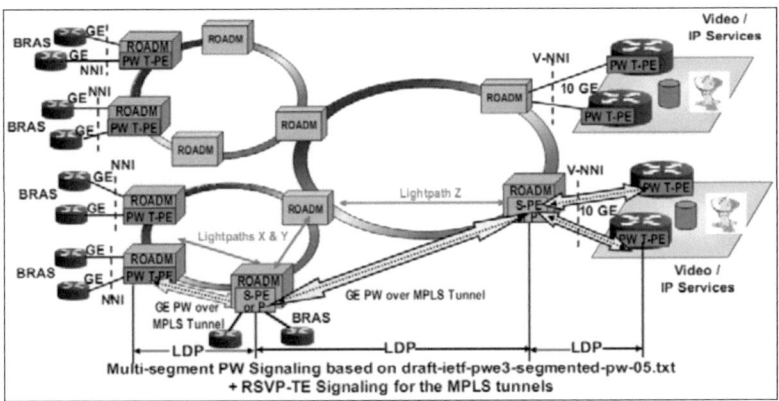

Abbildung 40: MPLS-based Ethernet Port Mux – PP Multi-hop – Control Plane & InterFaces [OCON07]

Die Kontrollebene der IETF besteht aus

- dem Protokoll RSVP- TE zur Signalisierung,
- dem OSPF, IS-IS (Intra- Domain Routing),
- dem LMP[44] (Link Management Protokoll).

Die Version des ITU Gremiums heißt ASON (Automatically Switched Optical Networks). Details sind in der Quelle [LEHM04] wiederzufinden.

„Digitale optische Netzwerke entkoppeln das Kapazitäts- und Dienstmanagement von der physikalisch-optischen Übertragungsebene. Über ihr GMPLS Routing-Protokoll verwaltet das Netzwerk auf Knotenebene die DWDM-Glasfaserkapazität auf Sub-Lambda-Niveau. Dadurch ist es möglich, die physikalische Verbindungen und das Bandbreitenmanagement automatisch von jedem Netzwerkelement selbst verwalten zu lassen. Be-

---

[44] LMP: Daten- und Kontrollebene – Austausch (vgl. [GREE07]).

schleunigte Planung und Installation, schnelles Aktivieren von Diensten, Performance-Überwachung und schnelle Fehlerisolierung sind nur einige Vorteile, von denen Netzwerkbetreiber profitieren. GMPLS und der integrierte elektrische Zugriff auf Sub-Lambda-Services an jedem Knoten sind einzigartige Leistungsmerkmale, über die digitale optische Netzwerke neue Dienste wie *Switched Layer-1 VPNs*, *Layer-1 Native Multicast* und *UNI-based Bandwidth-on-Demand* schnell bereitstellen können." [VU-Sl07].

3.6.2 Signalisierungsprotokolle/ Tunnelaufbau

Bei MPLS wird jeder FEC ein unterschiedliches Label zugeordnet. Im Gegensatz zum IP- Router ist keine Suche in der FIB notwendig. Es wird jedoch eine Label - (F)IB, eine sogenannte Label Information Base (LIB) angelegt, die in der Domain bzw. zwischen zwei LSR's, lokale Gültigkeit besitzt. Beim Label Switching werden somit IP- Pakete, die einer spezifischen FEC und somit einem Label zugeordnet werden, weitergeleitet (vgl. [BAUM01], [CLER02],). "Wenn der IPv4 Backbone MPLS unterstützt, dann können MPLS- LSPs als Tunneltechnik genutzt werden. Die LSPs können durch jede existierende Technik (LDP, RSVP) aufgebaut werden" [PERR05, S. 10].

3.6.2.1 LDP und CR- LDP (Label- Distribution- Protocol)

CR- LDP ist ein Labelweiterleitungsprotokoll, das auf LDP basiert. Es kann genutzt werden, um einen FEC basierenden LSP aufzusetzen. „Das Constraint (CR) bedeutet, dass der unidirektionale P2P- LSP explizit werden kann. Ein CR– LSP wird vom LSR berechnet." [PERR05] S. 157].

3.6.2.2 RSVP / RSVP- TE

In verbindungslosen Netzwerken ist kein Verbindungsaufbau notwendig. Das *Ressource Reservation Protocol* (RSVP)[45] ist ein Protokoll auf der IP- Ebene, das für die Kommunikation zwischen den Peer-LSRs die IP- Datagramme genutzt wird. Das RSVP wurde extra entwickelt, um die Ressourcenreservierungen in einem IP-Netzwerk vorzunehmen. Ein zentrales Merkmal von verbindungslosen Netzwerken ist, dass sie von wenig oder gar keinem Netzwerkzustand abhängig sind. Die Router können abstürzen, neu starten und Leitungen auf- und abgebaut werden, während

---

[45] RSVP: RFC 2209, RSVP- TE QoS Signalisierung: RFC 3209

die Ende-zu-Ende-Konnektivität bestehen bleibt. Ein weiteres wichtiges Merkmal des RSVP ist, dass der Empfänger die Ressourcen initiiert. Der Empfänger kann dabei unterschiedliche Anforderungen stellen. Während der Verbindung sendet der Empfänger periodische „Auffrischnachrichten". Zum Beispiel ist es einfach, eine neue Reservierung zu senden, mit der ein neues Maß an Ressourcen gefordert wird. (vgl. [BAUM01, Kap. 3.1]. Eine Reservierung findet dabei pro Session bzw. Flow statt. Bei RSVP- TE stellt eine Session ein LSP dar (vgl. [PERR05; S.169]).

Objekte für Traffic Engineering bei RSVP beinhalten (vgl. [PERR05; S. 175]:

- Label,
- Label request,
- Explicit route,
- Record route,
- Session attributes.

3.7 Layer 3: Pseudowire Tunnel

In der Fachsprache werden die Punkt- zu- Punkt- Layer 3 -Tunnel *VCs* oder (Martini-[46]) *Pseudowires* genannt und nutzen dabei die PSN- Tunneltechnik der underlying technology (vgl. [FUJI04]).

Über ein MPLS-Netz kann eine *bidirektionale*[47] Punkt- zu- Punkt- Verbindung zwischen zwei Standorten mit Hilfe zweier entgegengerichteter LSPs (Label Switched Path) aufgebaut werden. Diese „Drahtverbindung" wird zwischen den zwei Randkomponenten PE (Provider Edge) eines Network Service Provider (NSP) eingerichtet, an die verschiedene Sites angeschlossen sein können. Es handelt sich hier um eine Nachbildung (Emulation) einer *Edge-zu-Edge-Drahtverbindung* (vgl. [BADA07; S.566]". Dabei werden die grundlegenden Attribute eines „nativen Dienstes" emuliert und über ein PSN transportiert. Der Pseudowire stellt zudem eine Möglichkeit für einen „Interconnect", d.h. einen Zusammenschluss von zwei Knoten innerhalb einer L2 Technologie dar. (vgl. [ANDE05; Kap. 3.6].

Die Pseudowire- Architektur ist eine Erweiterung der VPN- Architektur. Innerhalb des VPN- Transporttunnels können viele verschiedene PWs laufen. Deshalb erhält der MPLS Shim— Header zwei Labels. Diese zwei La-

---

[46] Luca Martini war maßgeblich am Aufbau der Pseudowire Technik beteiligt.
[47] MPLS LSPs sind unidirektional.

bels sind Teil des MPLS- Headers und werden nach dem Ethernet- Header in dem „Hinaussenden Frame" eingefügt. Das äußere Label entspricht dem MPLS basierten Tunnellabel (LSP) und wurde bereits im Voraus durch LDP bzw. RSVP- TE erstellt.[48] Es bestimmt den Weg durch das Providernetz (vgl. [FUJI04; S.8]) Das innere Label ist das Pseudowire- Label bzw. VC- Label. Die VC- ID ist somit die Kennung des inneren PW Labels. „Der Eingangsrouter kennzeichnet das zweite Label und bestimmt, was mit dem Frame passiert. Das zweite Label ist für das Metro Netz nicht sichtbar und wird erst an seinem Bestimmungsort wieder entpackt." [[DETK05; S. 31]: Im PE- Router werden die ankommenden Pakete durch einen „Forwarder" (Weiterleitungsmechanismus) weitergeleitet. Zuvor wurden die VC's in den Pseudowires durch „Kontrollwörter"[49] identifiziert. Bevor der Forwarder die Rahmen oder Pakete an den nächsten LSR weiterleitet, teilt er sie in FEC's[50] ein. Nachdem der LSR die FEC bestimmt hat und die VC-ID ausgelesen hat, wird durch die MPLS - FIB der Ausgangstunnel zum Egress- LSR bestimmt. Am Pseudowire Endpunkt ermöglicht die Weiterleitungsklasse „FEC 129" eine „Lernfunktion" (engl. Autodiscovery). Wenn es sich um (nicht getaggte) Ethernet Rahmen handelt, wird die „Lernfunktion" durch den Flooding– Mechanismus ausgeführt (vgl. [STEI06]). „Durch die MPLS Technik können Metro- Service Provider Netze eine hohe Anzahl von Teilnehmern aufbauen, indem die Teilnehmer- IDs (VLANs) auf einen Label Switched Path (LSP9) abgebildet werden." [DETK05; S. 31].

Die Anbindung des Kunden zum Rand des Providernetzes wird Zugangsverbindung bzw. Access Circuit (AC) genannt. Durch AC's kann der vom Provider bereitgestellte Dienst (PPVPN) zum Kunden verlängert werden. Diese AC's werden durch *Attachment Identifier* (AI) identifiziert (z.B. eine VPN- ID), (vgl. [STEI06]). Ein AC kann eine Verbindung bzw. ein VC in Form einer Frame Relay DLCI, ein ATM VPI/VCI, ein Ethernet Port, ein VLAN, HDLC Link, eine PPP Verbindung auf einer physikalischen Schnittstelle, eine PPP Session eines L2TP Tunnels oder ein MPLS LSP sein.

Folgende Abbildung zeigt den durch das Pseudowire emulierten Dienst, der durch ACs vom Rand des Providernetzes weitergeleitet wurde (vgl. [XIAO04; Kap. 3]. Man kann gut erkennen, wie Kontroll- und Datenebene voneinander getrennt sind. Abbildung 42 veranschaulicht, wie der Site-

---

[48] Der Pseudowire Signalisierungsaufbau und das Kontrollprotokoll des PW ist im RFC 4447 beschrieben [MARTI06]
[49] Ethernet Rahmen können VLAN getaggt und ungetaggt sein.
[50] RFC 4448: Ethernet Pseudowire

to-Site-MPLS-Rahmen, der die Tunnellabels sowie die Nutzdaten enthält, übertragen wird.

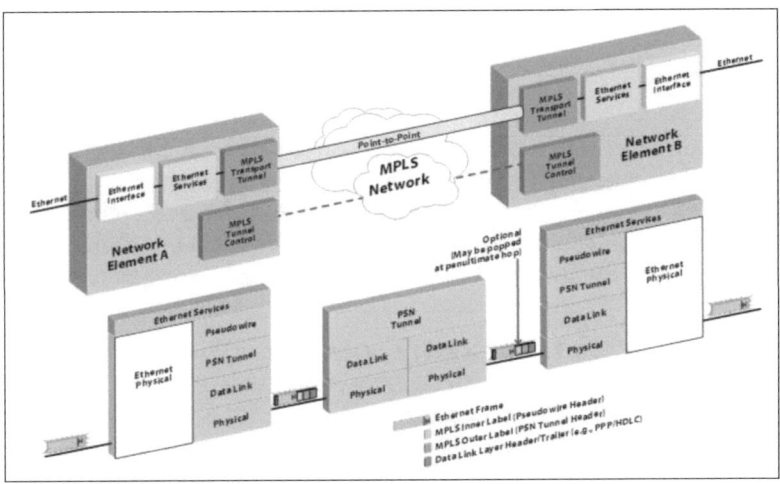

Abbildung 41: Ethernet (Schicht 2) Tunneling auf dem Layer 3 [FUJI04]

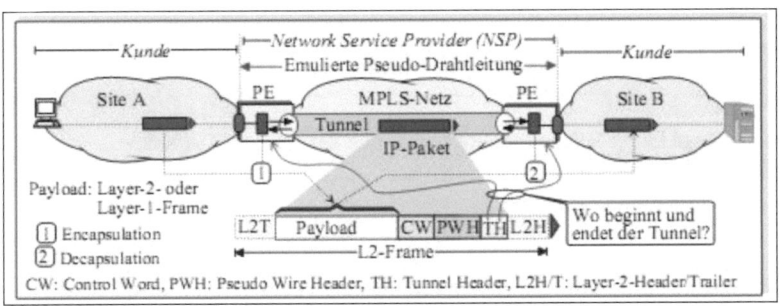

Abbildung 42: Das Tunneling-Prinzip bei der Datenübermittlung über ein MPLS-Netz [BADA07]

Der im L2-Frame zu übertragende Payload erhält dabei drei Header:

- Zum einen den **Tunnel-Header** (TH) mit einem äußeren Label (sog. Outer Label), nach dem der L2-Frame im MPLS-Netz übermittelt wird. Dieses Label bestimmt Beginn und Ende des Tunnels.

- Des Weiteren erhält der Payload den **Pseudo-Wire-Header** (PWH) mit einem inneren Label (sog. Inner Label), das als Identifikation der emulierten Leitung dient. Dieses Label kann auch als Identifikation des Kunden angesehen werden.

- Drittens gibt es das **Kontrollwort** (engl. Control Word), das genutzt wird, um verschiedene L1/2-Frames über eine Pseudo- Drahtleitung auf gleiche Art und Weise übermitteln zu können.

Die Pseudowiretechnik stellt eigene Mechanismen bereit, um die vielfältig zu transportierenden Dienste und Nutzdatentypen bearbeiten zu können. Das PWE3 Pre- Processing erhält die jeweiligen Nutzdaten und Routingdaten in Originalform und wandelt sie in PW- PDUs um. Durch Multiplexing können mehrere VCs in einen Trunk gemappt werden [vgl. RFC 3985].

In der nachfolgenden Tabelle 6 sind die wichtigsten Standards der Pseudowiretechnik aufgelistet. Da Pseudowire als Konvergenztechnologie angesehen werden kann, bietet es sich als Technik für einen Interconnect bzw. für eine Schnittstelle an. Falls sich PWs bzw. Layer 1 VPNs durchsetzen werden, könnten PW- MIBs als Interconnect- Attribute dienen.

PPVPN	RFC 4026
Requirements for PWE3	RFC 3916
PWE3 Architektur	RFC 3985
PW Setup and Maintenance using LDP	RFC 4447
PW Ethernet	RFC 4448
Transport of Layer 2 Frames over MPLS / L2 Encapsulation für MPLS	RFC 4906 / RFC 4905

Tabelle 6: Standards im Zusammenhang mit Pseudowires

3.8 Zusammenfassung der verschiedenen Tunneltypen und Exkurs Level (3)

Jede Tunneltechnik bzw. underlying technology besitzt eigene Attribute und ist für sich gesehen gültig. Ethernet ist ein Schicht 2 Dienst und kann auf der Schicht 1 (EoS), Schicht 2 (VLANs) oder auf der Schicht 3 (MPLS Pseudowires) transportiert werden. Ausgeschlossen ist aus Sicht von Level (3) jedoch der Aufbau von Tunneln auf der Signalisierungsebene aus der Sicht des Kunden. Das bedeutet, dass der Kunde aus Macht- und Securitygründen nicht über das Routing im Kernnetz des Providers entscheiden darf.

Exkurs: Ethernet bei Level (3) – Kombination aller Tunneltechniken

Der Backbone- Carrier Level (3) nutzt in seinem Backbone Netz das IP- und MPLS- Protokoll für die Kernstruktur. Zur Pfadsignalisierung und Reservierung wird RSVP-TE genutzt. Die erstellten MPLS LSPs besitzen Dienstgüte, so dass bei einem Verbindungsausfall schnell umgeroutet werden kann (engl. Fast- Reroute). Auf Grund der Vermaschungsproblematik (Stichwort N^2) stößt RSVP schnell an seine Skalierbarkeitsgrenzen. RSVP wird daher nur im Kern (zwischen LSRs) und am Rand des Netzes mittels LDP eingesetzt (für Access- Router). Der Label- Stack besteht daher aus dem inneren LDP Label und dem äußeren RSVP Label. Bei einem Ausfall wird auf einen Backup LSP geswitcht, wobei alle im RSVP Tunnel enthaltenen LDP Tunnel auch umgeswitcht werden. Bildlich gesehen steckt das LDP Label im RSVP Tunnel. Bei einem Ausfall eines Knotens wird das RSVP Label entfernt und durch ein Backup Label der Weiterleitungstabelle (LIB) ersetzt. RSVP-TE wird auch bei Schicht 3 - VPNs mit BGP eingesetzt.

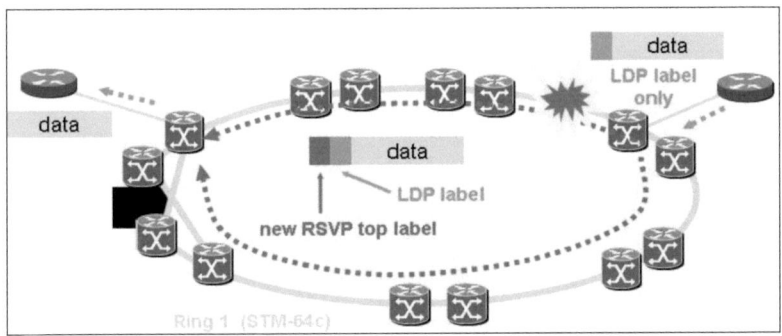

Abbildung 43: Ausfall- Szenario eines mit RSVP ausgestatteten MPLS- Knoten [BOB02]

Der MPLS- Rahmenaufbau für IP und Layer 2 Rahmen ist folgender (vgl. [BOB02]):

- **Internet über MPLS:** Das TE- Label von RSVP wird für den „Core zu Core" - Tunnel und das im RSVP- Tunnel enthaltene LDP- IGP Label für den Edge zu Edge Tunnel genutzt.

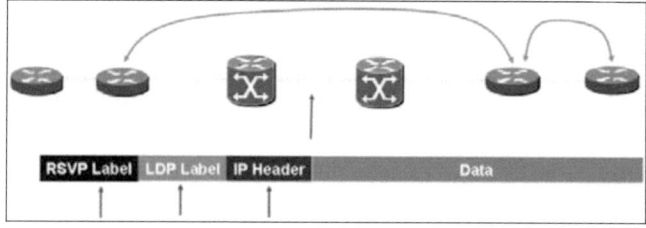

- **Schicht 2 über MPLS:** Neben dem RSVP und dem LDP Label nutzt Level (3) noch das VC Label, um die VLAN– ID zu bestimmen.

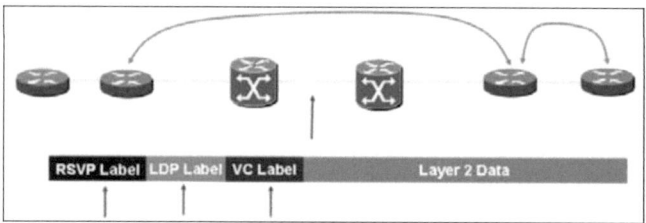

4. Das bisherige Produkt: VPNs mit verschiedenen Layeralternativen

Die bereits vorgestellten Tunneltechnologien ermöglichen den Aufbau von VPNs, indem Datenpakete bzw. Rahmen getunnelt werden. An oberster Stelle bei den Layer 2 VPN's stehen zwei MPLS basierte Technologien bzw. Tunneltechnologien. Das ist einerseits der Multi-Punkt basierte Dienst VPLS und der Punkt- zu- Punkt basierte Dienst VLL, auch VPWS (Virtual Private Wire Service) oder Ethernet over MPLS (EoMPLS) genannt.

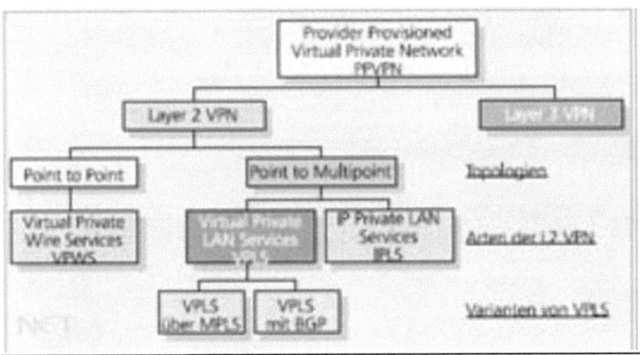

Abbildung 44: Vom Provider bereitgestellte VPNs (PPVPNs) [SCHU04]

4.1 VPN Grundlagen

VPNs kann man in Overlay- und Peer- to- Peer- VPNs untergliedern. VPN's können verbindungslos oder verbindungsorientiert sein. Bei **Overlay- VPNs** verbindet ein VC oder ein Tunnel das Kundenequipment. Dabei findet kein Routing und Informationsaustausch zwischen den ISPs statt. Der PE weiß daher nicht, wie der Adressbereich des Kunden aussieht und muss sich selbst um das Routing des Traffic kümmern. Beim **Peer- to- Peer- VPN** kennt der PE den Adressraum des Kunden und ist in der Lage, Traffic zu routen. Dies geschah früher durch sogenannte Zugangslisten (Access- Lists). Heute nutzt man vermehrt die BGP / MPLS Variante nach dem RFC 4364 und RFC 2547bis. Der Kunde kann aber auch selbst Tunnel durch klassische Layer 3 Tunneltechniken, wie GRE und IPSec aufbauen.

Bei Betrachtung der durchgeschalteten virtuellen Verbindung können VPNs *Ende- zu- Ende* oder *Site- to- Site*[51]" aufgebaut sein. Folgende Abbildung zeigt eine Übersicht über die Länge von virtuellen Verbindungen. Die Länge ist davon abhängig, ob die EVC nur bis zum PE oder bis zum Kunden durchgeschaltet wird. Wenn ein Tunnel zwischen zwei PE's geschaltet wird, werden derartige VLANs kurz als PPVPNs (Provider Provisioned VPN) bezeichnet.

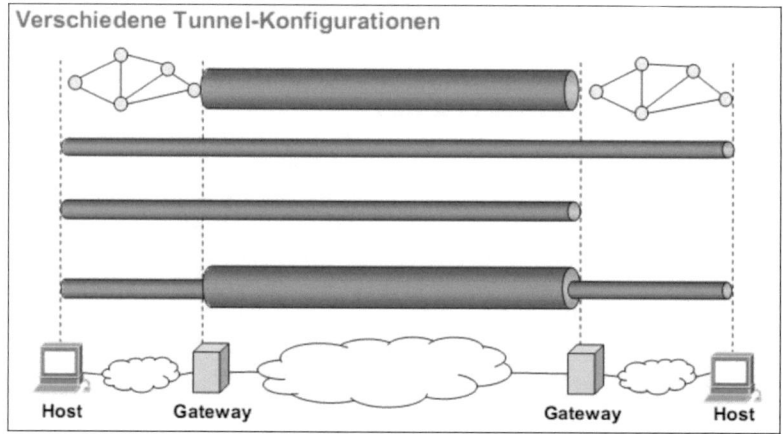

Abbildung 45: Tunnelkonfigurationen (Host = UNI- C, Gateway = UNI – N) [LEISC07]

4.2 Layer 1– VPN

G- MPLS ist besonders geeignet, um „Ethernet Rahmen Flüsse" in Form vom VLANs zu kontrollieren. G- MPLS kann wegen seiner universellen Kontrollebene zahlreiche Signalisierungsmechanismen für den Ethernet-Handoff durchführen und Datenebenen bedienen, so dass zwischen den L2SC- Schnittstellen LSPs aufgebaut werden können (vgl. [PAPA05]). Diese Möglichkeit des Interconnects wird in Kapitel 5 behandelt. Ein Layer 1 VPN durch den bereits vorgestellten Pseudowire würde bedeuten, dass Layer 1 Rahmen, wie z.B. EoS für den Zusammenschluss des VPNs genutzt wird (vgl. [BADA07; Kap. 12.2]).

---

[51] Wird ein Tunnel zwischen zwei Randkomponenten CE bei einem Kunden eines NSP, also zwischen mehreren Standorten eines Unternehmens bzw. einer anderen Institution, eingerichtet, spricht man vom Site-to-SiteVPN (vgl. [BADA07]).

Die Anforderungen an ein Layer 1- VPN können in den Quelle [OULD05] und [TAKE08] nachgelesen werden. Dazu gehören Signalisierungsmechanismen von der Kundenseite (CE zu PE), Discoverymechanismen, Routingmechanismen, OAM und MIB Module bzw. Funktionalitäten.

Bei G- MPLS sind die Datenebenen von anderen Kunden getrennt. Dies trifft ebenfalls für die Kontroll- und Managementebene zu. Der Kunde kontrolliert die Verbindung (EVC).

4.3 Layer 2- VPNs

Layer 2- VPNs lassen sich in Punkt- zu-Punkt- und Mehrpunkt-VPNs unterscheiden (vgl. die folgenden Abbildungen).

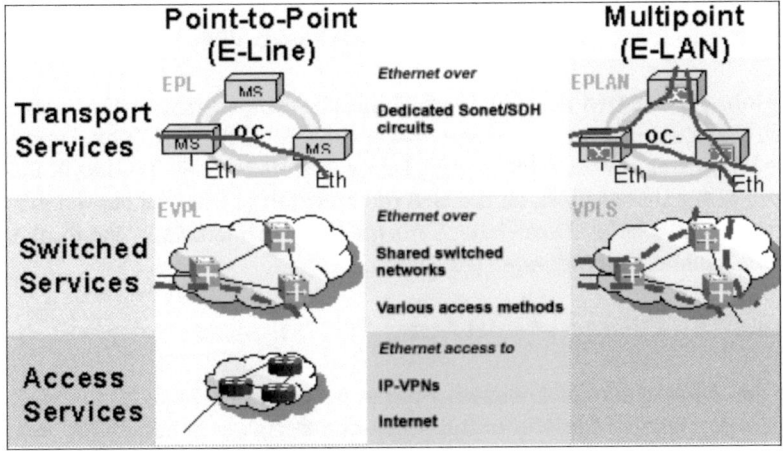

Abbildung 46: Ethernet Dienste Topologie [o.V.04]

Ethernet Private Line (EPL)	Ethernet Virtual Private Line (EVPL)	Ethernet Internet Access	Ethernet Access to IP VPN	Ethernet Private LAN (EPLAN)	Ethernet Virtual Private LAN (VPLS)
Point-to-Point EVC				Multipoint-to-Multipoint EVC	
E-Line Service Type				E-LAN Service Type	

Abbildung 47: MEF Service Terminology [o.V.04]

4.3.1 Punkt- zu- Punkt VPNs

4.3.1.1 E- LINE

Das MEF bezeichnet den „Punkt- zu- Punkt- Dienst" als Ethernet- Privat Line. Dieser Dienst wird von den Carriern bisher anhand einer „geschalteten SDH- Verbindung" oder MPLS- Verbindung bzw. durch einen Tunnel, angeboten. Bei SDH wird dem Kunden eine feste Bandbreite zugeordnet. MPLS kann in Zusammenarbeit mit anderen Protokollen QoS für IP und Ethernet Rahmen gewährleisten. Für das Punkt- zu- Punkt- VPN im „Shared Medium"[52] wird die Pseudowire- Technik angewendet. Beim NE kann die Ethernet- Kontroll Ebene P2P- Dienste mit IEEE 802.1 ad und/ oder mit IEEE 802.1 ah übertragen lassen.

4.3.1.2 P2P- EVPL: Multiplexed Punkt- zu- Punkt- VPN

Der Inhaber des UNI kann mehrere "Ethernet- Dienst Schicht Entitäten" bzw. Service- Instanzen" besitzen. Daher kann auch ein PSN Tunnel mehrere VCs, Pseudowires oder Layer 3 Tunnel beinhalten (vgl. [FUJI04]). Bei dem P2MP- Dienst EVPL ist die UNI multiplexfähig. Die UNI kann daher mehrere Service- Instanzen bzw. EVCs gleichzeitig bearbeiten und Punkt- zu- Mehrpunkt Verbindungen realisieren.

4.3.1.3 P2P - Ethernet Internet Access

Für den Zugang zum öffentlichen Internet auf Ethernet- Basis gibt es viele Ethernet- Handoff Varianten. Die folgenden Beispiele gehen davon aus, dass der Kunde einen Layer 2 Switch und keinen Router besitzt:

- **L1**: Ethernet mit PoS mit SDH,
- **L2**: Native Ethernet,
- **L2**: Backhaul Transport von Ethernet zu einem IP- POP z.B. durch EPL/EVPL mit SDH und MPLS,
- **L 2,5**:MPLS scheidet aus, da es IP bzw. Routingprotokolle zur Signalisierung nutzt,
- **L3**:Pseudowires scheiden aus demselben Grund auch aus.

---

[52] Shared Medium. Dies bedeutet für ein Kunden-VLAN im MPLS- Netz, dass der Kunde nicht mehr als die ausgehandelte Kapazität einer Glasfaser bzw. Wellenlänge nutzen darf.

4.3.1.4 P2P- Ethernet Access to IP VPN

Ein Intranet- IP VPN kann auf MPLS Basis mit MPLS und BGP realisiert werden. Bei einem NE- Ansatz sind die VLAN Ansätze 802.1.ah und 802.1.ad bzw. PBT denkbar.

4.3.2 Mehrpunkt VPNs: das VPLS

"Ein *Virtual Private LAN Service* oder VPLS ist ein Providerdienst, der die volle Funktionalität eines herkömmlichen LAN emuliert und nutzt mehr als zwei UNIs um ein LAN zu bilden" [HUYN07 S.7], (vgl. auch [LASS07]). „Ein VPLS ermöglicht mehrere LAN- Segmente über PSN miteinander zu verbinden und nutzt zu diesem Zweck Pseudowires." Ein VPLS kann mit LDP oder BGP betrieben. Es stellt eine Layer 2 Broadcast- Domäne dar und ist fähig, MAC- Adressen zu lernen und weiterzuleiten. Weiterleitungsentscheidungen werden aufgrund der MAC- Adresse und des VLAN- Tag getroffen. In einem VPLS muss der PE demnach fähig sein, eine MAC- Zieladresse mit einem Pseudowire zu assoziieren, um Rahmen weiterzuleiten zu können.

Eine Erreichbarkeit der Ziele wird durch eine „Lernende Brücke" auf der Datenebene und nicht wie beim MPLS- BGP- VPN über die Kontroll- Ebene realisiert (vgl. [LASS07]). Um Schleifen, ähnlich wie beim STP Protokoll, zu vermeiden, muss jeder PE die „Split Horizon"[53] Technik beherrschen. Ein LDP- VPLS benötigt eine Vollvermaschung von Pseudowires zwischen allen PE's, die an einer VPLS- Session teilnehmen. Daher sind für einen VPLS- Dienst je nachdem wie viele PE's (n=Station) beteiligt sind, n*(n-1)/2 Pseudowires zwischen den PE's notwendig. Die Vollvermaschung der MPLS- LSPs übernimmt das für den Label- bzw. Tunnelaufbau zuständige LDP- Protokoll. Es wird zur Bestimmung seiner Nachbar PE's genutzt und baut im Anschluss eine TCP- Session auf. Nun kann eine VPLS- ID definiert werden und ein VC Label für den LSP erstellt werden (vgl. [HUYN07]). Jeder VC- LSP ist ein bidirektionaler PW innerhalb des äußeren Tunnels. Bei der VPLS- Signalisierung werden „generalisierte PWid FECs" (Allgemeine Pseudowire Kennungen für Weiterleitungsklassen) genutzt. Besonders wichtig ist dabei das „Kontrollwort". Das Kontrollwort enthält die Bezeichnung des zu übertragenen Dienstes wie z.B. Ethernet und Ethernet VLAN. Sogenannte NSP (engl. Network Service Processing), d.h. Weiterleitung- Dienst- Prozessoren, können den Kunden und den Inhalt der Pseudowires anhand von Kontrollwörtern erkennen

---

[53] Sloit Horizon: [SCHU04 S. 5]

und den übertragenen Dienst demultiplexen (vgl. [LASS07]). „Backbone Netzwerk arbeitet wie ein großer Switch" [JUNI07]. Die PE's arbeiten wie Switche und führen folgende Funktionen durch (vgl. [HUYN07]):

- Lernen und Speichern von MAC- Adressen,
- Fluten bei unbekannten Rahmen,
- Kopieren von unbekannten, Multicast- und Broadcast- Rahmen

Aus **Skalierungsgründen** wurde die Hub- und Spoke Technik entworfen. Die PE's arbeiten als Hub und die einfachen Switches terminieren die Äste (Spokes) (vgl. [HUYN07]). Das skalierte VPLS senkt die Zahl der für die Vermaschung notwendigen PWs bzw. LDP- Peerings. Diese Technik erlaubt außerdem, mehrere VPLS Domänen zusammenzuschließen. Zwei vollvermaschte VPLS Netzwerke werden über einen einzigen LSP Tunnel zwischen den Randgeräten (PE's) miteinander verbunden. Falls mehr als zwei VPLS zusammengeschlossen werden, bedarf dies einer Vermaschung der am Rand gelegenen Spokes (vgl. [LASS07]). Eine andere Möglichkeit, die LDP- Peers zu reduzieren, ist der Einsatz eines IP Routers beim CPE, womit nur noch eine Adresse gelernt werden müsste. Ein dritter Ansatz wäre die Anzahl der Adressen zu limitieren, die pro AC gelernt werden dürfen.

Folgende Kombinationen existieren für VPLS- Dienste mit einem Ethernet-, einem VLAN- und einem gestackten VLAN- Access Circuit (vgl. [LAKS05]):

- Ethernet VPLS service: Die Zugangsverbindung (AC) ist ein Ethernet port.
- VLAN VPLS service: Der AC ist ein Q VLAN Subinterface.
- QinQ VPLS service: Der AC ist ein Subinterface, bei dem der Benutzer den inneren und äußeren Q VLAN Tag explizit spezifiziert

Folgende Abbildung zeigt eine Variante für ein Q-in-Q- Access Circuit bzw. eine VPLS-MP2MP- Interconnect

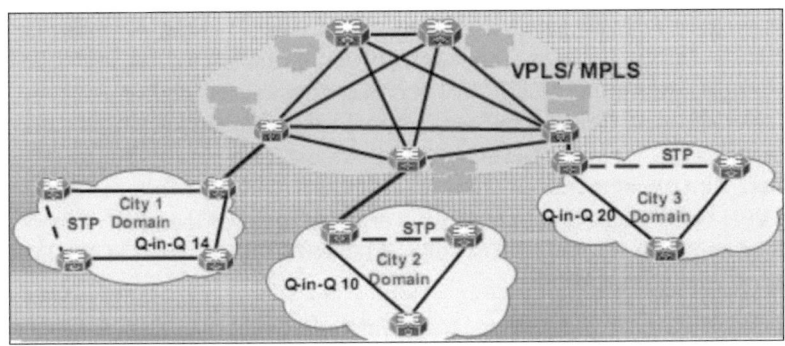

Abbildung 48: Hierarchischer VPLS Ansatz mit Hub- and Spoke [MCSW06 S.16]

Die folgenden VPLS Standards erläutern die technischen Spezifikationen für Multipunkthierarchien.

draft-ietf-l2vpn-vpls-ldp-06.txt	Virtual Private LAN Services over MPLS
draft-ietf-l2vpn-requirements-01.txt	Service Requirements for Layer-2 Provider Provisioned Virtual Private Networks
draft-ietf-l2vpn-l2-framework-03.txt	L2VPN Framework
RFC 4761	VPLS using BGP – Auto Discovery & Signalling

Tabelle 7: VPLS Standards [eigene Auflistung]

4.4 Layer 3 VPNs

Layer 3 VPNs werden mit BGP nach dem RFC 2547/4364 erstellt. Dabei wird IPv4 Traffic über ein Providernetz durch MPLS- Tunnel transportiert. Die Routen für jedes VPN werden im PE- Gerät oder dem PE- Gerät durch ein Routing– Protokoll wie BGP oder OSPF bekanntgegeben. Das PE- Gerät gibt die Routen an entfernte PE´s durch BGP weiter, welche sich dann bei den CE- Geräten im gleichen VPN anmelden. Nach der Anmeldung werden die CE´s zum VPN hinzugefügt und „aktiviert", d.h. als erfolgreich gefunden markiert. Alle am VPN beteiligten PE´s vermaschen sich anschließend durch Tunnel- Verbindungen (vgl. [FINN06, S. 22]). Es ist nicht unbedingt notwendig, dass sich alle PE- BGP Instanzen (engl. Sessions) im vollvermaschten Netz miteinander unterhalten. Route Reflektoren helfen die Skalierbarkeit zu verbessern und limitieren die Anzahl von Routing Informationen.

Eine weitere Art von Layer 3 VPN ist die **Virtuelle Router Architektur**. Jeder PE- Router betreibt eine Mehrzahl von virtuellen Routern (VR). Jeder VR gehorcht dabei einem VPN und besitzt eine Weiterleitungstabelle, die nur Gültigkeit für das individuelle VPN besitzt. Für die Kommunikation zwischen zwei VR- PE´s werden Tunnel eingesetzt. Beim RFC 2547/4364 Ansatz wird nur eine BGP- Instanz benötigt, um die Vollvermaschung aller am VPN beteiligten Routen bzw. CE´s anzustoßen. Der logische VR nutzt jedoch separate Routing- Protokoll- Instanzen für jede virtuelle Routing Weiterleitung (engl. VRF).

Für die Verbindung zwischen autonomen Systemen stehen folgende Möglichkeiten zur Verfügung[54] (vgl. [ROSE06, Sektion 10])[55]:

- Option A: VRF zu VRF
- Option B: EBGP Weiterleitung von gelabelten VPN-IPv4 Routen von AS zu benachbarten AS.
- Option C: Multi-hop EBGP Weiterleitung von gelabelten VPN-IPv4 Routen zwischen der Quelle und dem Ziel des AS, mit EBGP Weiterleitung

4.5 Fazit zu VPNs

Die in diesem Kapitel besprochenen VPNs müssen je nach Kundenwunsch differenziert betrachtet werden. Wenn der Kunde eine Ende-zu- Ende LAN- zu- LAN Lösung wünscht, ist er mit einem MPLS- oder IPSec VPN gut beraten. Wenn er jedoch keinen Layer 3 Dienst wünscht sondern einen Site-to- Site Transport durch VC´s oder LAN-zu-LAN Verkehr, muss der Kunde wissen, dass er bzw. seine Mitarbeiter nur Layer 2 Funktionalitäten besitzen und kein Plug und Play Netzwerk auf beiden Seiten erwarten können (vgl.[PEPE07]). Ein Multi- Service Switch oder die Entscheidung für PBT auf der Layer 2 oder T- MPLS[56] wäre eine Alternative (vgl. [HAWK06; S. 10], [KAFK08]).

Das Modell der Kontroll-, Daten- und Management- Ebene aus dem vorangegangenen Kapitel ist zur Beantwortung dieser Frage von Nutzen. Man sollte sich klar werden, ob nur ein reiner Datenebene- Transport oder

---

[54] Die Begriffe Route Distinguisher und Route Target kann der interessierte Leser im RFC 4026 sowie in [KNOL07 S. 58] nachlesen.
[55] Eine grafische Veranschaulichung der drei Optionen ist in der Quelle [TOMS07, HETZ03] zu finden.
[56] T (Transport) - MPLS kommt ohne IP aus.

zusätzlich auch noch eine Kontroll- Ebene gewünscht ist. Die Kontroll-Ebene hat je nach Tunneltechnik verschiedene Fähigkeiten.

5. Die Vision: VPNs auf Layer 2 ohne IP – das „native Ethernet"

5.1 Stärkung Ethernet zur Nutzung im WAN: Quality of Service

Der Abschnitt befasst sich zunächst mit den Grundlagen für Dienstgüte (engl. Quality of Service: QoS) für Ethernet. Anschließend wird das logische Managementinterface der UNI gemäß der Spezifikation MEF 16 vorgestellt (engl. Ethernet Logical Management Interface: E- LMI). Das Hauptaugenmerk liegt dann bei der Betrachtung von QoS über die Ethernet-NNI. Abschließend werden OAM Ansätze (Operation Administration Maintenance) für andere auf der Transportschicht ansässigen Technologien vorgestellt (Underlying Technologies), die für Ethernet bzw. für den Ethernet- Handoff auch QoS Mechanismen bereitstellen können.

In der Vergangenheit besaß das Ethernet Protokoll keine Managementfähigkeit für die Fehlerentdeckung und Berichterstattung von virtuellen Verbindungen, die über Schicht 2 abgewickelt wurden (vgl. [SANC07 S.5]). Einziger Lichtblick war bis dato der Begriff *Class of Service* (CoS). CoS fasst gleichartige Datenströme bzw. Dienste in Klassen zusammen. Mit Hilfe des Providernetzes werden diesen Klassen einer bestimmten Dienstgüte zugeordnet. Dabei werden weder „Verkehrsverträge", sogenannte Traffic Contracts, aufgesetzt ‚noch Garantien vergeben (vgl. [DETK05]). Eine Einschränkung liegt auch bezüglich Jitter und Verzögerungszeiten vor, die nur bedingt oder gar keine Berücksichtigung finden (vgl. [DETK05]). Diese Art von QoS, wie z.B. durch CoS, wird Soft-QoS genannt (vgl. [SCHO07]). Harte-QoS schließt demgegenüber Mechanismen ein, die Bandbreiten auf Grund der Nutzung eines verbindungsorientierten Ansatzes, sowie die Reservierung von Netzwerkressourcen auf dem gesamten Übertragungsweg garantieren (vgl. [SCHO07]).

Folglich reicht es nicht aus, das „Ende- zu- Ende LAN– Management" eines Ethernet Dienstes wie bisher mit SNMP, Ping oder Traceroute auszustatten (vgl. [SCHO07]). Gefragt sind umfassende Fehler-, Netzwerk- und Perfomancemanagementtools auf jeder Netzwerkschicht, um Services Ende-zu-Ende zu überwachen und Service Level Agreements (SLAs) zu verifizieren (vgl. [SCHO07]).

QoS ist per Definition die Dienstgüte, die für eine einzelne Sitzung erreicht wird. Dabei spielen Faktoren wie die garantierte Bandbreite, Verzögerung, Jitter, Bandbreitenschwankungen oder Prioritäten eine Rolle. Weitere Kriterien sind Verfügbarkeit, Fehlertoleranz, Redundanz, Effizienz und Sicherheit. Es liegt auf der Hand, dass sich alle diese Punkte nur mit erheblichem Aufwand in Techniken umsetzen lassen, die eine „richtige" Dienstgüte garantieren (vgl. [DETK01], MEF]). Zum Betreiben und Überwachen von Ethernet Netzen und deren Diensten mit definierter Qualität müssen diese auf dem Service wie auch dem Link- Layer managebar sein (vgl. [BEND2007; S.1]). Diese Trennung ist notwendig, da ein Ende- zu- Ende Service über mehrere Zwischenstationen und somit auch über mehrere Link- Layer verläuft.

Für die Umsetzung von „Quality of Service" sind folgende Schritte notwendig (vgl. [DETKEN05; S.32]):

- Klassifizierung des Datenverkehrs vom Kunden VLAN (C-VLAN),
- Spezifizierung des geeigneten Verkehrsvertrags pro C-VLAN an der UNI- Schnittstelle,
- Puffer- Management,
- Tarifierung der Queues an den Netzknoten,
- Zulassungskontrolle zur Absicherung der Verkehrsströme,
- Traffic Management.

Für Operations, Administration und Maintenance (OAM) gilt folgendes:

- Fehleranzeige und -behebung für Schnittstellen oder Stationen,
- Schleifenfunktion,
- Aufzeichnen des Datenverkehrs, der Fehler und der Zustände der Verbindungen.

Die Standardisierungsgremien IEEE, ITU und das MEF haben deshalb Protokolle entworfen, die die Fehlersuche und Überwachung für virtuelle Verbindungen auf Layer 2 ermöglichen (vgl. [SANC07; S.5]). Die Protokolle des IEEE Gremiums sind IEEE 802.3ah E- OAM, IEEE 802.1 ag Verbindungsfehlermanagement (engl. Connectivity Fault Management bzw. CFM), sowie das Protokoll ITU-T Y. 1731. Diese Standards ermöglichen ein Netzwerk auf der Daten- und Kontrollebene zu managen (vgl. [SANC07]).

Das Ethernet OAM Protokoll IEEE 802.3 ah unterstützt Funktionalitäten wie Verbindungsüberwachung, Fehlermeldungen, OAM Discovery und andere. Dabei findet OAM Discovery Anwendung, um zu prüfen, ob z.B. eine entfernte UNI OAM- fähig ist. Zu diesem Zweck werden Managementrahmen, sogenannte OAM- PDUs, über den Ethernet MAC- Haader gesendet. Der Bestandteil 802.3 ah eignet sich zum Überwachen aller Ethernet Verbindungen, besonders im Zugangsbereich zu Ethernet Netzwerken (vgl. [SANC07]).

IEEE 802.1 ag realisiert ein Ende- zu- Ende Verbindungsfehlermanagement für virtuelle Verbindungen (VCs). Dabei nutzt es das Ethernet- CFM ‚um Verbindungsfehler zu entdecken, zu überprüfen und zu isolieren. IEEE 802.1 ag beinhaltet drei Protokolle:

- Verbindungsaufrechtinstandhaltung[57],
- Loopback[58],
- Verbindungsüberprüfung[59].

Das **802.1 ag Protokoll** ermöglicht das Erstellen einer Hierarchie innerhalb der Domäne und somit im Geltungsbereich der virtuellen Verbindung (vgl. [SANC07]).Dabei sieht der Administrator jeden Knoten, der Kunde hingegen nur die Ende- zu- Ende- Verbindung.

ITU-T Y. 1731 beinhaltet neben den Funktionen des 802.1ag Standards noch Signale bzw. Mechanismen für Alarmmeldungen, für den Test von Ethernet, für Ethernet Multicast Loopback und für die Sperrung des Ethernet. Außerdem können Performance Attribute überprüft werden.

Zu einem früheren Zeitpunkt wurden bereits Traffic Management Attribute behandelt. Diese ermöglichen die Messbarkeit von Ethernet- Diensten (vgl. [SCH07]). Auf die noch ausstehende Definition der Performance Attribute wird im Folgenden eingegangen.

5.1.1 Performance Attribute der Quality of Service (QoS)

Folgende wesentlichen Attribute kennzeichnen QoS:

<u>Frame Delay (FD):</u>

Die Frame Verzögerung ist ein kritischer Parameter und hat bedeutenden Einfluss auf QoS für Echtzeitdienste, wie z.B. IP Telefonie. Frame Delay ist nach MEF definiert als die gemessene Maximalverzögerung für einen erfolgreich übermittelten Prozentsatz von Rahmen über ein Zeitintervall.

---

[57] Die Verbindungsinstandhaltung (engl. Continuity Check) sendet in regelmäßigen Abständen Nachrichten von A nach B.
[58] Loopback entspricht dem Ping beim IP auf der Schicht 2.
[59] Die Verbindungsüberprüfung (engl. Link Trace) entspricht Traceroute bei IP.

Genauer gesagt sind hiermit die „CIR konformen"[60] Dienstrahmen gemeint (vgl. [SANT06; S. 7]).

Jitter

Jitter ist bekannt als Delay Variation und ist ebenfalls ein kritischer Parameter für Echtzeitanwendungen. Es hat jedoch keinen negativen QoS Effekt bei Nicht- Echtzeitanwendungen.

Frame Jitter

Frame Jitter ist rechnerisch gesehen der FD- Wert abzüglich der Verzögerungszeit für einen Service Frame mit der geringsten Verzögerung. Ein Beispiel: Bei einer Messung über fünf Minuten mit einer Erfolgsrate von 95 % war der Frame Delay 17,43 ms. In dieser Zeit war der kürzeste Service Frame 15 ms unterwegs. Daher resultiert ein Frame Jitter von 2,43 ms. Der Frame Jitter Parameter wird beim CoS Attribut eingesetzt und bezieht sich auf die grünen Servicerahmen (vgl. [SANT06; S. 7]).

Frame Loss

Der Rahmenverlust ist definiert als der Prozentsatz von CIR konformen (grünen) Servicerahmen, die über ein gewisses Zeitintervall gesehen nicht zwischen den UNIs ankommen[61].

Die Ethernet NNI definiert für die Zwischenstationen bestimmte Bezeichnungen (vgl. [KLESS07]):

- Ein Maintenance Intermediate Point (MIP) ist ein Übergabepunkt für OAM zwischen Netzwerken bzw. Stationen,
- Ein Maintenance End Point (MEP) besteht aus dem Eingangsknoten und dem Ausgangsknoten in der jeweiligen administrativen Domäne von jeder Zwischenstation.

Das MEF definiert neben den genannten OAM Spezifikationen folgende Attribute für die E- NNI, sowie Protokolle, auf die nicht weiter eingegangen wird:

- Link Aggregation Control Protokoll (LACP),
- 802.3 MIB (RFC 3635) zur Überwachung von virtuellen Verbindungen,

---

[60] Siehe Kapitel 1.4.8 (Stichwort: CIR- konforme grüne Service- Frames)
[61] Die Berechnungsformel für eine Multipunkt EVC und eine geroutete Multipunkt EVC findet sich in der Quelle [KLESS06 S.17-18].

- Entfernte Fehlerüberwachung (Remote Failure Indication),
- (Multiple) Spanning Tree Protokoll über mehrere Switche bzw. Ports (MSTP).

Schutz- und Ausfallsicherheitsmechanismen (engl. Protection) sollen folgendes garantieren (vgl. [KLESS07; Kap. 6.8.1]):

- Verbindungsschutz über die E- NNI (Glasfaserfehler),
- Port Fehlerschutz (Laser oder elektronische Fehler),
- Physikalischen Ethernet Schnittstellenschutz,
- Knotenschutz (Fehler, die einen ganzen Switch betreffen).

Die unbedingt erforderlichen Attribute für OAM bei der E- NNI liefert die Quelle [KLESS07, Kap.6.6 ff] und die Spezifikation MEF 17. Das logische Management Interface wird in der MEF Spezifikation 16 beschrieben. Ein Ausschnitt der Funktionalitäten ist im Anhang zu finden. Der Abnahme-Test für das Traffic Management ist in der MEF- Spezifikation 14 vorhanden. Eine Übersicht der technischen MEF Spezifikationen liefert die Quelle [MEF], in der die Spezifikationen nachgelesen werden können.

Die Durchführung von OM und die darauf basierende Kontrolle der Einhaltung von vertraglich vereinbarten Service Absprachen zwischen Providern ist von wichtiger Bedeutung. Es muss berücksichtigt werden, dass die beim Kunden installierten E- NTU's (engl. Ethernet Network Termination Units) das Netz des Kunden von dem des Serviceproviders und damit die Zuständigkeiten klar voneinander abgrenzen können (Demarkation) (vgl. [BEND2007; S. 23]).

Das MEF definiert für die Übergabepunkte bzw. Demarkation folgende Begriffsbezeichnungen:

- Maintenance Intermediate Point (MIP): Ein OAM- Übergabepunkt zwischen Netzwerken.
- Maintenance End Point (MEP): Die MEP's sind Übergabepunkte, die Service Rahmen beim Netzeingang und Netzaustritt eines Providers durchlaufen (vgl. [KLESS07; Kap. 6.6.1, 6.6.2]).

5.1.2 Voraussetzungen bei der Übertragung zwischen Netzen: Standards der OAM- Gremien

Die 802.3ah IEEE Arbeitsgruppe hat ein Ethernet OAM Protokoll für den Link- Layer verabschiedet. Das gleiche gilt für die Arbeitsgruppe Y.1731 der ITU mit IEEE 802.1ag. Die Arbeitsgruppe zu „Connectivity Fault Management" ist jedoch noch in Arbeit.

Folgende Tabelle zeigt einen Überblick über die aktuellen Gremien, die sich mit Carrier Ethernet beschäftigen[62]:

Standards Body	Ethernet Services	Architecture/Control	Ethernet OAM	Ethernet Interfaces
IEEE	-	• 802.3 – MAC • 802.3ar – Congestion Management • 802.1D/Q – Bridges/VLAN • 802.17 - RPR • 802.1ad – Provider Bridges • .1ah – Provider Backbone	• 802.3ah – EFM OAM • 802.1ag – CFM • 802.1AB - Discovery • 802.1ap – VLAN MIB	• 802.3 – PHYs • 802.3as – Frame Expansion
MEF	• MEF 10 – Service Attributes • MEF 3 – Circuit Emulation • MEF 6 – Service Definition	• MEF 4 – Generic Architecture • MEF 2 – Protection Req & Framework • MEF 11 – UNI Req & Framework • MEF 12 - Layer Architecture	• MEF 7– EMS-NMS Info Model • MEF 15– NE Management Req • OAM Req & Framework	• MEF 13 - UNI Type 1 • MEF 16 – ELMI • E-NNI
ITU	• G.8011 – Services Framewrk • G.8011.1 – EPL Service • G.8011.2 – EVPL Service	• G.8010 – Layer Architecture • G.8021 – Equipment model • G.8010v2 – Layer Architecture • G.8021v2 – Equipment model	• Y.1730 – Ethernet OAM Req • Y.1731 – OAM Mechanisms	• G.8012 – UNI/NNI • G.8012v2 – UNI/NNI
TMF	-	-	•TMF814 – EMS to NMS Model	-

Abbildung 49: Ethernet- OAM Standards bzw. Spezifikationen

5.1.3 L1 QoS bei GMPLS und SDH

OAM Anforderungen und technische Spezifikation sowie konfigurierbare Attribute für G-MPLS sind in der Quelle [NADE06] beschrieben. Konfigurierbare QoS Attribute der SDH- Technik sind im *Regenerator Section Overhead, Multiplex Section Overhead* und im *Path Layer Overhead* zu finden. Optische Techniken als QoS Mechanismen stellen die *FEC* (engl. Forward Error Correction) und die Bit Fehler Rate (BER) zur Verfügung (vgl. [PERR05a]). Managebare SDH Attribute sind im RFC 3592 zu finden. Das MEF hat das Verbindungsfehlermanagement für SDH bereits imple-

---

[62] Ausführlichere Spezifikationen über OAM Attribute des ITU Gremiums findet sich in der Quelle [MOHA06]

mentiert und spricht von einer Ethernet über SDH- NNI[63] (vgl. [GOLD06; S.25]).

5.1.4 "L 2,5" MPLS- OAM

Bei MPLS wird Traffic Engineering (TE) in Verbindung mit dem RSVP Protokoll genutzt, um QoS für Sessions und somit für einzelne EVCs herbeizuführen (vgl. [ALVA06]). Dies hat zur Folge, dass Bandbreitenreservierungen möglich sind.

Die folgende Tabelle zeigt einen Ausschnitt über Standards und konfigurierbare OAM- Attribute bei MPLS:

RFC 2702	MPLS- TE- Requirements for Traffic Engineering Over MPLS, RSVP- TE
OAM Procedures for VPWS Interworking draft-ietf-l2vpn-vpws-iw-oam-01.txt	VPWS OAM
draft-ietf-l2vpn-oam-req-frmk-09.txt	L2VPN OAM Requirements and Framework
draft-mohan-l2vpn-vpls-oam-00	VPLS OAM

Tabelle 8: MPLS OAM Attribute

Bei einer Ende- zu- Ende- Beziehung werden mehrere administrative Domänen durchschritten. Die folgende Abbildung verdeutlicht diesen Prozess.

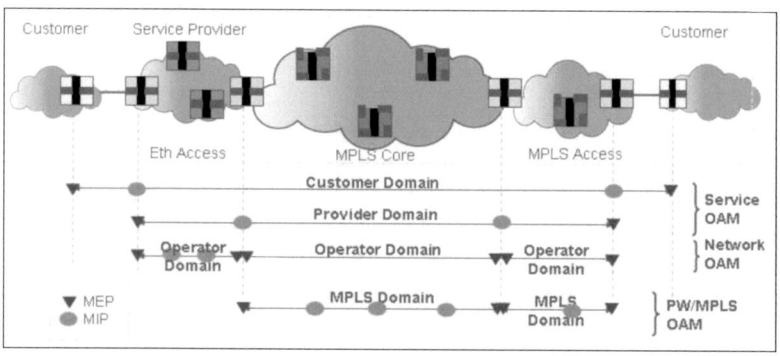

Abbildung 50: 802.1 ag Ethernet OAM (802.1ag) im MEN mit MPLS [ROSS08]

---

[63] Eine Ethernet über SDH NNI ist gemäß der Definition aus Kapitel 1.4.3 eine NI-NNI.

5.2 Reine Ethernet Interconnects

Ein bilateraler oder multilateraler NE- VLAN- Interconnect von P2P- und MP2MP- Verbindungen bzw. Diensten wird durch VLAN- Stacking ermöglicht (vgl. [NORTE07]). IEEE 802.1 ah wird jedoch erst in der zweiten Phase des E-NNI Standards unterstützt. Als mögliche Konfigurationsattribute und Parameter gelten z.B. Ethernet VLAN MIBs, Ethernet MIBs, das S- Tag, die VLAN-ID, die MAC- Adresse und der Switch- Port. Die NE-NNI in Form von VLAN- bzw. MAC- in- MAC Tunneln wird in der folgenden Abbildung 51 veranschaulicht. Eine hybride Variante folgt im Anschluss. Des Weiteren werden Kombinationen für Interconnects von Native Ethernet VLANs mit 802.1.ad/ah. in Verbindung mit Ethernet- Handoffs durch MPLS (VPLS) vorgestellt.

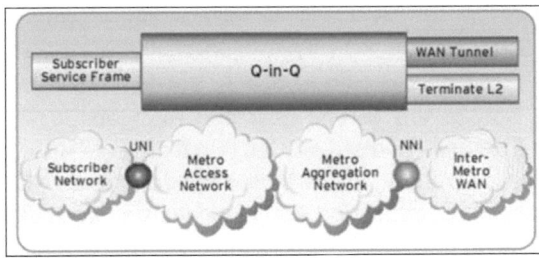

Abbildung 51: 802.1 ad Q- in- Q – NNI

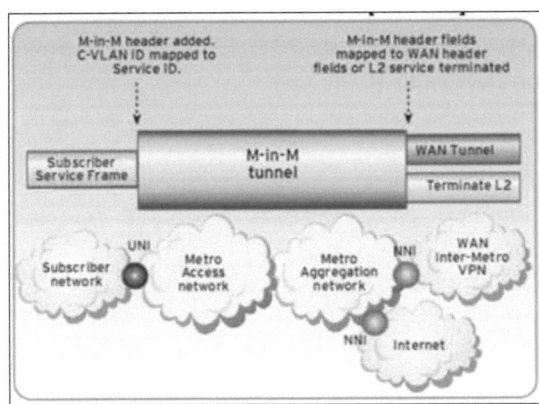

Abbildung 52: PBB 802.1 ah MAC- in- MAC – NNI

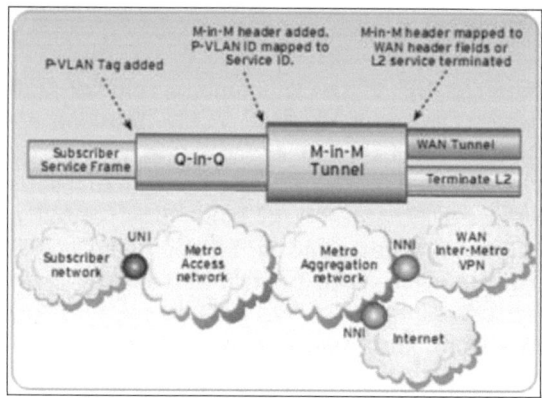

Abbildung 53: Hybride Multi- Dienst Transport Lösung [NORTE07]

Die folgende Abbildung 54 veranschaulicht Kombinationen von Tunneltechniken bzw. Ethernet- Handoffs von NE und MPLS. Bei dem Interconnect werden die Dienste transparent an und über den Übergabepunkt, also die NNI geliefert. Die Ethernet- Dienste werden durch die E- NNI zum Empfänger durchgeschaltet. Vor dem *Durchschalten* handelt die E- NNI die Vertragsparameter aus. In der folgenden Abbildung werden auch die hierarchische LAN- Dienste in Zusammenarbeit mit hybriden Tunneltechniken dargestellt. In diesem Rahmen wird der Begriff *hierarchisches* und *hybrides Ethernet- LAN* verwendet (vgl. [SODD03]). Der Pfad der VLANs bzw. EVCs besteht aus mehreren Teilstrecken. Der Übergang zwischen den Netzen regelt die E- NNI. „Das multidimensionale Ethernet besteht aus MAC- in- MAC- Skalierbarkeit, hierarchischem QoS, Ethernet- Cross- Connect und Service Elastizität" [CHAD06].

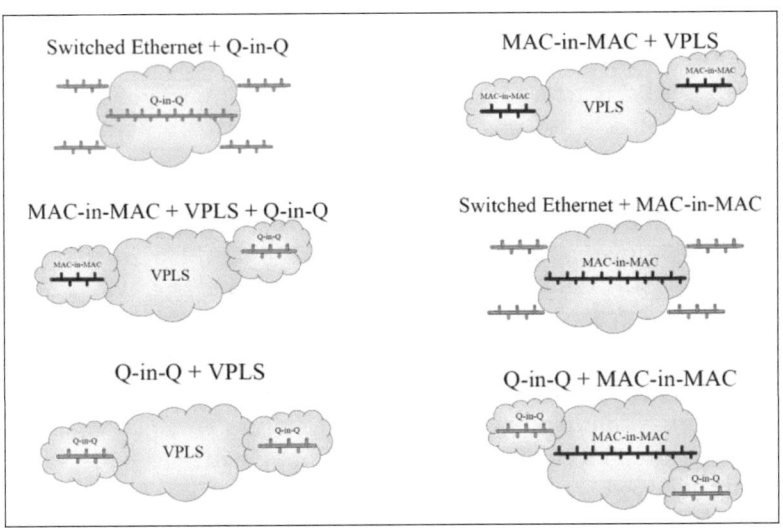

Abbildung 54: Varianten für ein hierarchisches und hybrides Ethernet- LAN [SODD03]

5.3 „Gemischte" bzw. kombinierte Ethernet Interconnects

Hier werden Interconnect- Szenarien für bilaterale und multilaterale Interconnects beschrieben. Auf der Kontroll- Ebene wird in Zukunft der UNI Typ 3 selbst EVCs aufbauen (d.h. Access Circuits), um die erste Stufe des Netzes zu erreichen. Der Interconnect stellt eine Verbindung über die geswitchten Stufen des Netzes dar. Bevor der Ethernet Service Layer Dienste wie EPL, EVPL, VPLS und IP- VPNs über die E- NNI austauschen kann, kommt die Kontroll- Ebene zum Einsatz. Bei der bilateralen E-NNI verbinden sich 2 Providernetze (UNI-N) miteinander. Bei einem multilateralen Interconnect sind mehrere Provider und unterschiedliche Technologien und somit unterschiedliche Schichten verwickelt. Im günstigsten Fall soll der Interconnect dem MEF zufolge auf reinem Ethernet- Protokollaustausch geschehen. Die Access- Circuits der Kunden verbinden sich durch VLAN- Mapping oder VLAN- Stacking mit der UNI bzw. E- NNI.

5.3.1 L1 NNI via SDH

Das *OIF* ermöglicht mit dem UNI- Typ 2 den Aufbau von eigenen Verbindungen (Circuits). Dieser UNI- Typ, der eine Signalisierung von Kundenseite aus ermöglicht, wird beim OIF- Forum als UNI- Typ 2 und beim MEF Forum als UNI- Typ 3 bezeichnet. Die NG- SDH Geräte können mit den

Techniken GFP, LCAS und VCAT die Bandbreite dynamisch anpassen und einzelne VCs in der VCG- Gruppe explizit behandeln. Wenn die Netzwerk- zu- Netzwerk Schnittstelle Ethernet- basiert sein soll, müssen SDH- Attribute bzw. Eigenschaften und Parameter für die Ethernet- Kontroll- und Management Ebene zugänglich gemacht werden. Die Ethernet Kontroll- Ebene greift auf die Kontroll- Ebene von SDH zu. Sie nutzt SDH- Attribute des Overhead- Bytes von SDH- Containern, um durch geeignete Parameter eine Signalisierung bzw. einen leitungsbasierten Pfad zu schalten. Heutige NG- SDH Geräte bieten Ethernet- Funktionalitäten wie VLAN- Tagging oder CoS an.

Falls Ethernet durch SDH und C/D- WDM übertragen wird, kann die Management- und Kontroll- Ebene auf SDH- MIBs zugreifen. G- MPLS ist in der Lage, eine Kontroll- Ebene[64] für SDH- Netze zu ermöglichen. Beim Einsatz von G-MPLS und SDH können z.B. folgende Attribute oder Parameter konfiguriert werden: MPLS- MIBs, MPLS LSR MIBs, PW Ethernet MIBs, Labels für LDP und RSVP, Access- Circuit Labels, CoS- Attribute. Skalierbarkeit kann durch eine Hub- and- Spoke Architektur erreicht werden.

G-MPLS und SDH ermöglichen geswitchten Wellenlängen- Ethernet Services. Die folgende Abbildung führt ein Beispiel an für eine Gigabit Ethernet (GE) – SDH NNI. G-MPLS wäre in der Lage, einen SDH- Circuit zu terminieren und eine Signalisierung für die restliche Strecke vorzunehmen (vgl. RFC 4257, [GHAN05]). Die Abbildung 55 visualisiert die Kontroll- und Daten- Ebene einer GE – SDH NNI.

---

[64] RFC 4257: Framework für GMPLS- Switching von optischen SDH Netzwerken

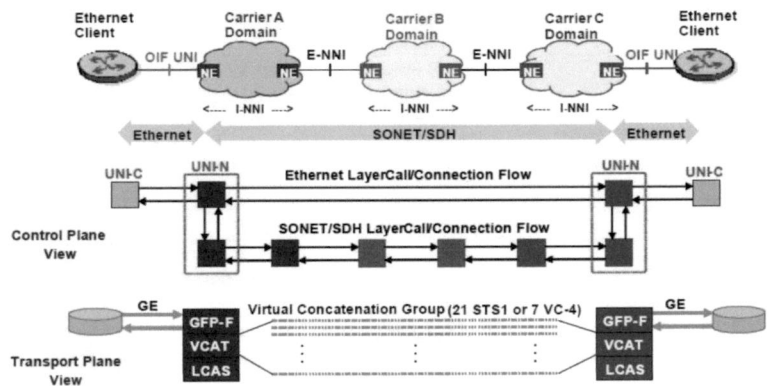

Abbildung 55: Verwendung der OIF UNI 2.0 Schnittstelle für eine GE-Verbindung über SDH

5.3.2 „L2,5"- MPLS- NNI / Pseudowire - NNI

Das MEF arbeitet nicht nur an der E- NNI, sondern auch an einer MPLS-NNI. Diese beschreibt ein Netzwerk- Dienst Modell für Service Provider für ein hierarchisches MPLS- Schicht- 2 VPN. Der Dienst basiert auf dem RFC 2547 mit BGP und MPLS. Die L2VPN- Dienste zwischen den Kunden werden durch ein Peering aufgebaut. Aus Skalierungsgründen wird wegen der N2-Problematik auf ein Overlay- VPN verzichtet. Für eine Vertiefung der MEF MPLS- NNI sei auf Quelle [MENE02] verwiesen. LDP oder RSVP- TE können zur Signalisierung eingesetzt werden. Die folgende Tabelle 9gibt einen Überblick über RFCs, die wiederum Attribute und Interconnect- Szenarien für eine P2P-, P2MP- und MP2MP- MPLS- NNI bereitstellen können.

RFC 3985	Pseudo Wire Emulation Edge-to-Edge (PWE3) Architecture
RFC 4762	Virtual Private LAN Service (VPLS) Using Label Distribution Protocol (LDP) Signalling (Anbindung von Q-in-Q- Access- Circuits)
draft-ietf-l2vpn-vpls-mib-01.txt	Virtual Private Lan Services (VPLS) Management Information Base
draft-bocci-bryant-pwe3-ms-pw-arch-00.txt	An Architecture for Multi-Segment Pseudo Wire Emulation Edge- to- Edge
RFC 4448	Encapsulation Methods for Transport of Ethernet over MPLS Networks (Native Service Processing (NSP)
RFC 3813	Multiprotocol Label Switching (MPLS) Label Switching Router (LSR) Management Information Base (MIB)
draft-ietf-l2vpn-vpls-bridge-interop-02.txt	VPLS Interoperability with CE Bridges
draft-raggarwa-l2vpn-p2mp-pw-00	Point-to-Multipoint Pseudowire Signalling and Auto-Discovery in Layer 2 Virtual Private Networks

Tabelle 9: Überblick über RFS

Das MEF hat für Pseudowires, also für die Layer 3 Tunneltechnik und das P2P- Layer 1 VPN eine *private NNI* (P-NNI) entworfen. Diese wiederum nutzt LDP sowie die *Pseudowiretechnik*.

Das MEF schlägt drei NNI- Techniken vor [MENE02]:

- PW über Hop- zu- Hop Tunnel,
- PW über Hop- zu- Hop Tunnel über Traffic Engineered (TE) Tunnel,
- PW über TE- Tunnel .

5.3.3 MPLS Pseudo- Wire Switching Modell

Das Ziel des Pseudo-Wire (PW) Switching ist ein Interconnect durch verschiedene Autonome Systeme (engl. AS) durch Pseudo- Wire Switching oder PW- Forwarding mittels des PW Forwardes und des PW- NSP (*Native Service Processing*), welches die PW- Instanzen weiterleitet und eindeutig identifiziert (vgl. [RFC 3985]. Das Weiterleiten auf andere PWs und ACs geschieht mittels *Ethernet Bridging*, *SONET Cross-Connect*, VCI/VP. Dafür müssen die Daten- und Kontroll- Ebene am Switch- Punkt zusammenarbeiten. ASBRs führen den Cross- Connect der PW- Kontroll- Kanäle (Kontroll- und Daten- Ebene) durch (vgl. [MCSW06, S. 22]. Die PW- Segmente unterliegen eigenen administrativen Domänen. Für die Tunnel bzw. die

Kapselung kann das MPLS Draft- Martini- oder L2TPv3- Protokoll eingesetzt werden (vgl. [MCSW06, S.23]).

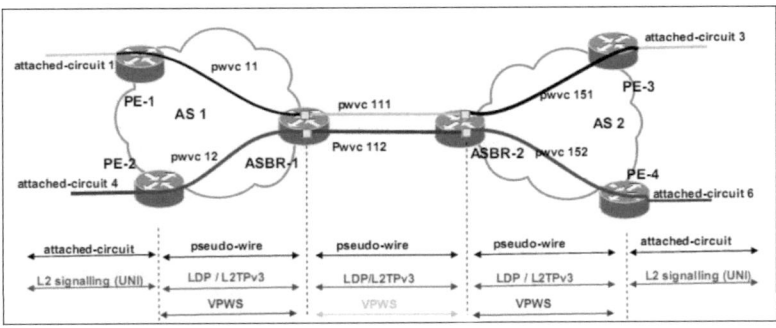

Abbildung 56: Das Pseudowire- Switching Modell [MCSW06]

5.3.4 Alle Interconnects integriert auf dem Layer 0/1: G-MPLS und DWDM

Mehrere Gremien arbeiten an der Spezifikation für das optische Medium der Kontrollebene. Dazu gehört das IETF, ITU (ASON Automatically Switched Optical Network)[65] und das OIF[66] Gremium. Das MEF arbeitet eng mit diesen Gremien zusammen, damit die Schnittstelle für den UNI Typ 3 in Kürze verabschiedet werden kann. G- MPLS bietet diversen Datenebenen, wie zum Beispiel Ethernet oder SDH ATM eine Kontrollebene an. In naher Zukunft werden EVCs durch Wellenlängenrouting je nach Bedarf aufgebaut und geswitcht werden. Wie ein Layer 2 Switching für einen Ethernet- LSP abgewickelt wird, zeigt die Quelle [PAPA05].

---

[65] ITU/ ASONKontrollebene (vgl. [ZEUN07])
[66] OIF/ ASON/ GMPLS: Kontroll- und Datenebene, Funktionen sowie E-NNI Spezifikationen (vgl. [FOIS06])

Die folgende Tabelle enthält einen Überblick über die G- MPLS Ansätze für das Zustandekommen einer E- NNI mit dem UNI Typ 3.

draft-berger-ccamp-gmpls-mef-uni-02.txt	Generalized MPLS (GMPLS) Support For Metro Ethernet Forum and G.8011 User-Network Interface (UNI)
draft-berger-ccamp-gmpls-ether-svcs-01.txt	Generalized MPLS (GMPLS) Support For Metro Ethernet Forum and G.8011 Ethernet Service Switching
RFC 3473	Generalized Multi-Protocol Label Switching (GMPLS) Signaling Resource Reservation Protocol-Traffic Engineering (RSVP-TE) Extensions
RFC 4208	Generalized Multiprotocol Label Switching (GMPLS) User-Network Interface (UNI): Resource Reservation Protocol-Traffic Engineering (RSVP-TE) Support for the Overlay Model
draft-ietf-ccamp-gmpls-ethernet-arch-01.txt	GMPLS Ethernet Label Switching Architecture and Framework
draft-oki-ccamp-gmpls-ip-interworking-00.txt	GMPLS and IP/MPLS Interworking Architecture
draft-otani-ccamp-gmpls-mib-update-00.txt	GMPLS MIB family update, 2007
draft-ietf-ccamp-gmpls-te-mib	Generalized Multiprotocol Label Switching (GMPLS) Traffic Engineering Management Information Base

Tabelle 10: Überblick über G- MPLS Ansätze [eigene Darstellung][67]

5.3.5 Universelles Bindeglied für Multilayer stacks

Generelle Pseudowire (PW) MIBs enthalten gemeinsame Attribute für die Technologien der Layer 1 und Layer 2 (vgl. [RFC 3985]). Der PWE 3985 Standard bietet den PW- Diensten ein MIB Rahmenwerk an. Dieses Rahmenwerk besteht unter anderem aus einem Schichtenmodell. Die MIBs der verschiedenen Techniken residieren auf der *Service- Schicht*. Die generelle PW- Schicht hat Zugriff auf die Service- Schicht und kann somit auf MIBs für Ethernet, ATM, SONET, usw. zugreifen. Unterhalb der generellen PW- Schicht liegt die Schicht der *paketgeswitchten virtuellen Verbindung* (PSN- VC). Hier finden sich MIBs für das Tunnelprotokoll der virtuellen Verbindung, wie z.B L2TP VC Mibs oder MPLS VC MIBs.

---

[67] Einen erweiterten Überblick über aktuelle GMPLS Protokolle liefert die Quelle [FARR07]

Mit Hilfe des generellen PW- MIB Moduls können die durch das Pseudowire übertragenen Dienste überwacht und konfiguriert werden. Über die generellen MIBs wird ein Interconnect zwischen MIBs auf der Service- und der PSN- Schicht für die virtuelle Verbindung erreicht (vgl. [RFC 3985, Kap. 8]).

Im Falle von MPLS kann so beispielsweise ein *genereller VC- Dienst* direkt in einen MPLS LSP gemappt werden. Zu diesem Zweck werden die MPLS- Standard- MIBs gemäß RFC 3813 oder RFC 3812 genutzt.

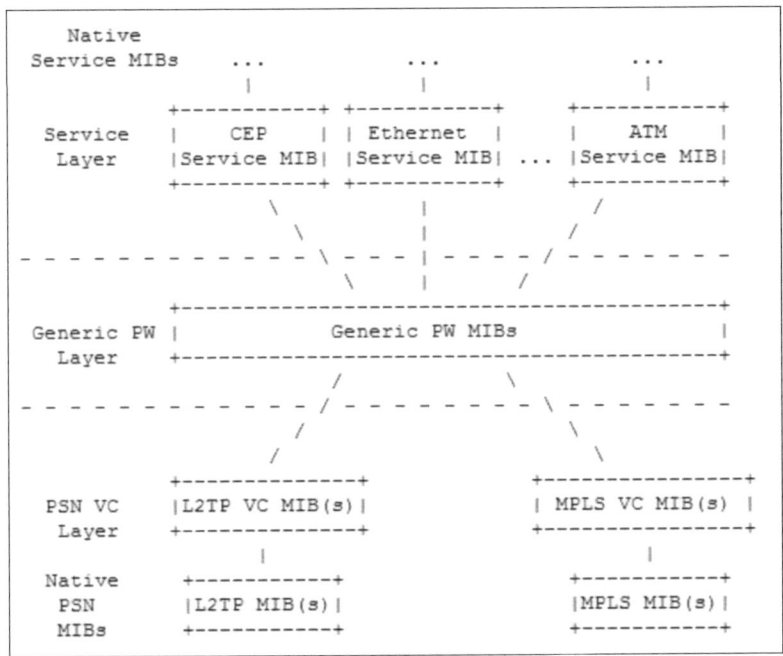

Abbildung 57: Das MIB – Schichtenmodell [RFC 3985]

Alternative Technologien bei Pseudowire MIBs sind:

- Pseudowire (PW) Management Information Base (MIB): draft-ietf-pwe3-pw-mib-14
- Ethernet Pseudo Wire (PW) Management Information Base: draft-zelig-pw-enet-mib-00

5.4 Betriebsprozesse bei Interconnects

Dieser Abschnitt handelt von Betriebsprozessen bei Interconnects; insbesondere wird auf Quoting (Angebotserstellung), Service Aktivierung, Abrechnung (Billing) und Upgrade Policy Prozedur (erweiterte Funktionalitäten) eingegangen. Einleitend wird das Geschäftsprozessmodell für Telekommunikationsbetreiber E-TOM (engl. Enhanced Telecom Operations Map) vorgestellt.

5.4.1 Beschreibung des E-TOM Prozess- Framework

E-TOM ist ein prozessorientiertes Managementmodell für IT Service Provider und innoviert durch seine matrixartige Struktur (vgl. [POUN03]). Die Geschäftsprozesse eines Service Providers werden dabei durch E-TOM unterstützt. Zu berücksichtigen ist, dass E-TOM nicht alle Aspekte eines Unternehmens integrieren kann. Die strategische Perspektive sowie Visionen, Missionen oder Marktsegmente mussten bisher gesondert betrachtet werden (vgl. [DELA01]). Eine Übersicht aller Prozesse des E-TOM Geschäftsprozessmodell (engl. Telecom Operations Map) ist bei [TELE06]) zu finden. E- TOM ermöglicht es, Geschäftsprozesse und operationale Ende- zu- Ende Prozesse automatisiert ablaufen zu lassen (vgl. [TELE06]).

E-TOM unterscheidet zwischen Prozessen, die das Innenleben des Unternehmens darstellen und Prozessen, die die Relationen zu den anderen Unternehmen modellieren. Die Struktur des Rahmenwerks ist wie folgt aufgebaut: Das Level 0 zeigt das Unternehmen aus der Sicht des Geschäftsführers. Das E-TOM Framework ist, wenn man den Bereich der Kundenprozesse genauer betrachtet, in die Gruppe Strategie, Infrastruktur und Produkt und den Bereich Operations aufgeteilt (vgl. [POUN03; S. 27]). Der Hauptfokus des E-TOMs richtet sich auf die operativen Kundenprozesse wie Billing, Assurance, Fulfillment (Abrechnungsmanagement wie Statistiken), Servicegarantien (Einhaltung von QoS, Performance) und die Erfüllung von Kundenwünschen/Kundenkontakt (Bestellung bis Aktivierung). Auf horizontaler Ebene muss zwischen funktionalen Prozessen und anderen Arten von funktionalen Geschäftsprozessen wie. z.B. Marketing und Verkauf unterschieden werden.

Die folgende hierarchische Aufteilung zeigt die verschiedenen Schichten eines Frameworks. Dem Unternehmen steht es dabei frei, ob es nur das Level 1 oder weitere Level für die Strukturierung des Unternehmens nutzt.

1.) Die Betrachtung des gesamten Unternehmens erfolgt auf Schicht 0

2.) Die vertikale (Ende- zu- Ende) Prozessgruppierung liegt auf Schicht 1.
3.) Jede horizontale (funktionale) Prozessgruppierung liegt auf Schicht 1.
4.) Alle Prozesselemente, wie Auftragsabwicklung[68] sind auf Schicht 2.
5.) Level 2 Prozesselemente können aus Schicht 3 Prozess- Elementen bestehen.
6.) Level 3 Prozesselemente können aus Level 4 Schicht Elementen bestehen.

Die fein gegliederten Prozesse auf Schicht 4 müssen im Einzelfall betrachtet werden. Je nach Prozessfluss und Komplexität ist eine Aufsplittung bis in die Schicht 4 nicht immer sinnvoll (vgl. [DELA0; S. 119]). Für die Umsetzung der E-TOM Struktur sind nur Tools für die horizontalen Gruppierungen vorhanden. Für eine direkte Umsetzung der vertikalen Prozesse gibt es jedoch noch keine Tools. Der aktuelle E-TOM Standard ist die Version 7.0. Folgende Abbildung zeigt das fein gegliederte Framework der Schicht 2.

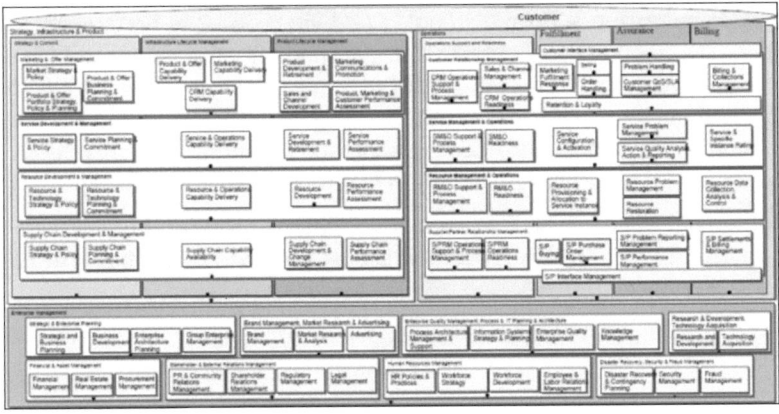

Abbildung 58: Der Blick auf „Level 2 Prozesse" des eTOM Framework [DELA01]

5.4.2 Typische Betriebsprozesse beim Interconnect

Die operativen Prozesse beim Interconnect können anhand eines Beispiels einer Zugfahrt ins Ausland verdeutlicht werden. Ein Kunde möchte

---

[68] Der Prozess Auftragsabwicklung ist ein Ende- zu- Ende Prozess mit funktionalen Prozessgruppenbestandteilen.

eine Zugfahrt buchen. Zu diesem Zweck ruft er eine Website auf und gibt seine Wünsche für die Verbindung und das Ziel der Reise ein[69]. Vorab erhält er eine Übersicht über die Netztopologie und wählt Start- und Reiseziel aus. Der Kunde wünscht, dass er seine Reise unkompliziert und mit vielen Extras durchführen kann. Deswegen verlangt er einen Aufenthalt in der 1. Klasse (QoS und CoS- Funktionalitäten). Diesen Service möchte der Kunde per Kreditkartenbezahlung oder durch ein im Voraus ausgefülltes Prepaidkonto bezahlen. Der Waggon, indem der Kunde sitzen wird, wird in jedem Zwischenbahnhof umrangiert, bekommt jedoch von der Umkoppelung des Zuges nichts mit (Stichwort Transparenter LAN Dienst). Bevor der Kunde in den Zug einsteigt, muss die Verfügbarkeit (engl. Capacity Check) auf dem ganzen Weg inklusive der Zwischenbahnhöfe (fremden Providern) geprüft werden. Die Bahngesellschaft und die Zwischenbahnhöfe müssen miteinander in Kontakt treten und prüfen, wie die Zugfahrt des Kunden technisch umgesetzt werden kann, damit der Anschlusszug des Kunden bereit steht. Im besten Fall muss der Kunde auf dem Weg von A nach B nur einmal umsteigen (Stichwort E- NNI Phase 1). Wenn der Kunde am nächsten Bahnhof eintrifft, muss der alte Zug entsorgt (Stichwort EVC- Terminierung[70]) und ein neuer Zug bereitgestellt werden. Die Absprachen zwischen den „Bahnhöfen" werden anhand servicespezifischer Attribute (vgl. [BOTT08]) getroffen und über E- NNI[71] ausgetauscht. Die E- NNI hat somit die Aufgabe, sich um providerübergreifende QoS- und andere servicerelevante Attribute für Prozeduren bzw. Policys (Absprachen) zu kümmern (Stichwort CECV- Attribute).

Nachdem der Kunde seine Eingaben und Wünsche geäußert hat, wird ein Angebot und Preis für den jeweiligen Dienst (E- LINE. E- LAN, E- TREE) erstellt.

---

[69] E- NNI unterstützt in Phase 1 den E- LINE und E- LANDienst. E- TREE ist noch nicht möglich.
[70] Die Quelle [HERN06] erläutert bildlich eine Tunnel- Terminierung bzw. Tunnel- Transit.
[71] Genaue E- NNI Attribute und Parameter sind in den Quellen [ROSS07], [KLESS07] zu finden. Dort findet sich eine Spezifikation für die Zertifizierung der E- NNI, sowie eine technische Spezifikation der E- NNI Schnittstelle.

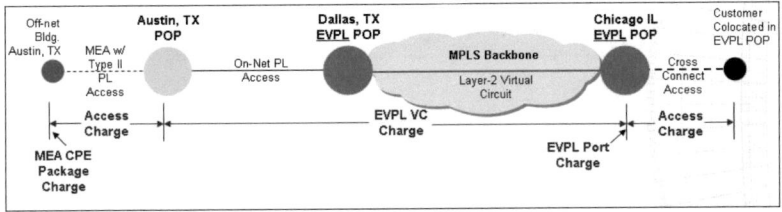

Abbildung 59: Ethernet Virtual Privat Line (EVPL) - Angebotserstellung

Möglich ist, dass der Kunde aber auch mehrere Dienste bestellen kann (Stichwort Service Multiplexing bzw. MEA: Multiple Ethernet Access), so dass eine Preisberechnung jeder Teilstreckenverbindung statt findet. Dabei entstehen an jeder Zwischenstation Kosten für den Switch Port und für die Bandbreite bzw. den Dienst. Die Aktivierung der Services übernimmt die E- NNI bzw. die operativen Ebenen. Möglichkeiten zur bilateralen und multilateralen Signalisierung wurden bereits dargestellt. Eine spezielle Form der Abrechnung ist das *Burstable Billing*. Der Kunde nutzt die Bandbreite normalerweise nur bis zu einer vertraglich vereinbarten Rate (engl. Committed Information Rate bzw. CIR). Das Burstable Billing erlaubt dem Kunden, über den Tag gesehen 65 Minuten zu bursten. Dies bedeutet, dass der Kunde die Bandbreite 65 Minuten bis zur höchst möglichen vereinbarten Kapazität (engl. Peak Information Rate bzw. PIR) nutzen darf, ohne dass der Kunde eine höhere CIR bezahlen muß [vgl. [o.V.]]. Ob diese Bandbreitenbenutzungsart bei E- NNIs angewendet wird, muss geprüft bzw. zwischen den Betreibern abgesprochen werden. Eine dynamische Bandbreitenanpassung kann über das Management Interface angefragt und konfiguriert werden. Dies gilt ebenfalls für Prozeduren, die sich mit der Upgrade Policy beschäftigen. Der Kunde ist somit selbst in der Lage an den Schrauben in Form von UNI und EVC Attributen und Parametern zu drehen, abhängig von der ihm zustehenden Konfigurationsfreiheit des Carrier.

Folgende Abbildung zeigt, welche Bereiche in die Kundenbestellung eines Pseudowire-Dienstes verwickelt sind

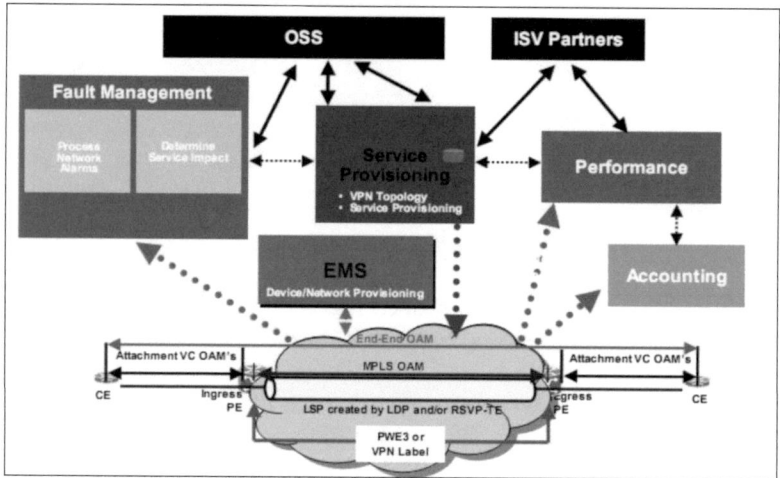

Abbildung 60: MPLS Netzwerk- Lebenszyklus [CHEC04]

6. Fazit

Die E-NNI bietet die Möglichkeit, Ethernet-Dienste über mehrere fremde Provider zu leiten und transparente LAN-Dienste bereitzustellen. Carrier-Ethernet ist zu einer ausgereiften Technologie für das MAN und WAN geworden. OAM Standards verhalfen dem Ethernet-Protokoll dazu, dass es ein stabiles, leistungsfähiges und markttaugliches Produkt wurde. Andere underlying technologies wie SDH, ATM oder MPLS bieten dem Ethernet seit langem QoS im MAN und WAN. Diese Technologien werden in naher Zukunft nicht von der Bildfläche verschwinden und stellen Möglichkeiten für den Ethernet-Handoff dar.

Sie unterstützen das Ethernet Backbone Netz im MAN und WAN. Bisher mussten die Konfigurationen beim UNI Typ 1 für EVCs jedoch noch manuell durchgeführt werden. Dies wird sich, dem MEF zufolge, mit der Verabschiedung des UNI Typ 3 und der E-NNI Phase 2 im 3. Quartal 2008 ändern. Der Kunde wird dann selbst in der Lage sein, P2P-, P2MP- und MP2MP- Dienste bzw. virtuelle Verbindungen anzufragen und aufzubauen. Der Ablauf der Service- Aktivierung wird in Zukunft vollautomatisch vollzogen werden. Besonders im Endkunden- und Mittelstandsbereich ist ein großes Umsatzwachstum zu erwarten. Die Öffnung des V-DSL Marktes für Drittanbieter ermöglicht, dass ein Kunde einen Access- Circuit und somit Ethernet- Dienste in einen 100 Mbit/s Duplexbetrieb zum Provider schalten kann – Stichwort hier ist der „Virtueller Meet- Me" – Raum.

Die Zukunft der E- NNI wird durch den wachsenden Bedarf nach Ethernet- Transport- Diensten in Zukunft florieren. Das IP– Protokoll wird nur noch zur Signalisierung auf der Kontroll- Ebene genutzt werden. Mechanismen wie die Autodiscovery Funktion des Ethernet zum Finden einer MAC- Adresse bzw. MAC- Access- Listen bieten eine Alternative.

Ob man in Zukunft dem Kunden gestatten wird, selbst Pseudowires bzw. MPLS- LSP Tunnel aufbauen zu dürfen, liegt in der Hand der Service- Provider. Die Kontrolle über das Routing und Weiterleiten von EVCs besitzt heutzutage noch der Carrier.

Folgende Lösungen bieten sich an:

- Der Carrier bietet dem Kunden an, MPLS-LSPs und / oder PWs zu erstellen. Der Kunde besitzt aber nur beschränkte Konfigurationsattribute, damit er nicht die Kontrolle über das Backbone erlangt. Dies ist ein sensibles Thema, da der Kunde Konfigurationsparameter des LDP- und RSVP-TE Protokolls und evtl. Routingprotokolle für sich nutzen und evtl. auch missbrauchen könnte.

- Der Kunde verbindet sich mit einem NE- oder MPLS- AC zum Provider. Von dort aus übernimmt der Provider die Bereitstellung und die Übergabe des Service- Wunsches (Stichwort: NE- Autodiscovery und MPLS- PW- Forwarding)
- NE- Ansatz mit PBT durch vorkonfigurierte Ethernet- Wege. Die vorkonfigurierten Pfade der EVCs werden per VLAN- MIBs auf die Switche übertragen.
- Interconnects mit virtuellen Routern (MPLS- L3- VPNs; Stichwort: Virtual Routing) ermöglichen getrennte einzelne geroutete VLANs bzw. VPNs
- Der Carrier stellt dem Kunden vorkonfigurierte MPLS- LSPs oder PW zur Verfügung.

Die Zukunft der Entwicklung stellt der *„Ethernet Digital Cross- Connect"* dar (vgl. [RATT07]). Die Schnittstelle zieht sich die Information in Form von Rahmen, Paketen, Zellen oder VLAN- IDs bzw. anderer Kennungen aus der „ankommenden Technologie" und führt einen Protokollaustausch hin zum Ethernet- Protokoll durch. Nach der Konvertierung wird der MEF- Dienst dann entsprechend an den Empfänger auf Basis von Ethernet- Rahmen weitergeleitet. Optische IP- adressierte Cross- Connects ermöglichen mit Hilfe von G- MPLS dynamisch aufgebaute virtuelle Verbindungen über die E- NNI zu switchen. (vgl. [JAIN04; S. 22]. Verfügbar wird diese Technologie voraussichtlich frühestens Ende 2008 sein.

Anhang

<u>E- LMI (Ethernet – Logical Management Interface)</u> verfügbar ab dem UNI Typ 2 mit folgenden Funktionalitäten:

E- LMI Nachrichten:	**E- LMI Prozdeduren:**
	- System parameters
E-LMI STATUS and STATUS EN-	- Periodic Polling
QUIRY Messages	- Sequence Numbers
– STATUS Message	- Full Status
– STATUS Enquiry	- Full Status Continued- Asynchronous Status
E-LMI Message Elements	
– Protocol Version	**Data Instance Triggered Update**
– Message Type	– UNI-C Procedures
– Report Type Information Element	– UNI-N Procedures
– Sequence Numbers Information Element	**Reporting a New EVC**
– CE-VLAN ID/EVC Map Information Element	**Error Procedures**
– UNI Status Information Element	– - UNI-N Operation - UNI-C Operation
– EVC Status Information Element	– - Examples of Error Procedures
– Data Instance (DI) Information Element	
– Bandwidth Profile Sub-information Element	**Handling of Error Conditions**
	– Protocol Version Error - Message too short
– EVC Map Entry Sub-information Element	– Message type errors
– UNI Identifier Sub-information Element	– General information element errors (6 types)
– EVC Identifier Sub-information Element	– E-LMI Operational Status Determination
– EVC Parameters Sub-information Element	**UNI-C Procedures**
	UNI-N Procedures [vgl. MEF 16]

Literaturverzeichnis

[ABDE02]Abdelhalim, Ahmed, IP/MPLS- Based VPNs – Layer-3 versus Layer 2, 2002 www.foundrynet.com/pdf/wp-ip-mpls-based-vpns.pdf

[ABRA_06] Abramovich; Israel; Easley, Craig, Carrier Ethernet - The technology of choice for Access networks, 2006 http://metroethernetforum.org/MSWord_Documents/Access_White_Paper_March_2 007.doc

[ALVA06] Alvarez, Santiago, QoS for IP/MPLS Networks, Kapitel 2: MPLS TE Technology Overview
http://searchnetworking.techtarget.com/searchNetworking/Downloads/MPLS_ch2.pdf

[ANDE05] Andersson, L., Madsen, T. Provider Provisioned Virtual Private Network (VPN) Terminology, 2005 http://www.ietf.org/rfc/rfc4026.txt

[BADA07] Badach, Anatol , Hoffmann, Erwin, Technik der IP-Netze, 2007 http://files.hanser.de/hanser/docs/20070803_27831118-87_978-3-446-21935-9_Leseprobe.pdf

[BAR_04] Bar, Daniel; Lapushner, Shimshon; Lewis, Jeremy; Stroehlein, Brian; byars, Steve, Metro Ethernet Forum, Introduction to Circuit Emulated Services over Ethernet, 2004 http://metroethernetforum.org/PDF_Documents/Introduction-to-CESoE.pdf

[BAUE05] Bauer, Ingo, Ethernet-Servicemanagement für Netzwerke im Accessbereich, 2005
http://www.micronova.de/download/bilder/Kundenzeitschrift_2005_A1_Titelstory-ESC-MN.pdf

[BAUM01] Baumgärtner, Michael, Multiprotocol Label Switching (MPLS), 2001 http://www.iznnet-kom.niedersachsen.de/Veroeffentlichungen/downloads/Diplomarbeit%20MPLS.pdf

[BECK03] Beck, Holger, Grundlagen der Netzwerktechnik, 2003 http://www.gwdg.de/service/kurse/skripten/hbeck/GdN2.1.pdf

[BEND07] Bendzuweit, Volker, Ethernet-Dienste ersetzen traditionelle WAN-Technologien - LAN und WAN wachsen immer stärker zusammen, 2007 http://netigator.de/netigator/live/fachartikelarchiv/ha_news/powerslave,id,31323960, obj,,np,archiv,ng,,thes,.html

[BEND2007]Bendzuweit, Volker , "Fitnessprogramm für Ethernet", Ausgabe 6/2007, www.rad-data.de/RADCnt/MediaServer/26327_fs_0706_s22-s23_grundlagen.pdf

[BLUM06] Blum, Armin – NGN Einführung, 2006
http://www.bakom.ch/themen/technologie/01397/01542/index.html?lang=fr&downlo ad=M3wBUQCu/8ulmKDu36WenojQ1NTTjaXZnqWfVp7Yhmfhnapmmc7Zi6rZnqCkkl N1g32EbKbXrZ2lhtTN34al3p6YrY7P10ah162apo3X1cjYh2+hoJVn6w==.pdf

[BOB02]Jim, Bob, Level (3) Communications, MPLS Backbone Architecture, 2002, internes Dokument

[BOTT01] Bottorff, Paul, MEF Technical Activities, 2001
www.ieee802.org/1/files/public/docs2003/tc_intro_ieee.ppt Slide 2]

[BOTT04] Bottorff, Paul, IEEE 802.1ah First Draft,
www.ieee802.org/1/files/public/docs2005/ah-bottorff-slides-0305.ppt

[BOTT08] Bottorf, Paul, Ethernet Services Definitions - Phase 2 - Approved Draft 6
http://www.metroethernetforum.net/apps/org/workgroup/technical/ballot.php?id=247

[BRÜCK05] Brückner, Stefan, Lucent's Next-Generation Ethernet/SONET Portfolio, 2005, internes Dokument

[CHAD06] Chadha, Harpreet, Capitalizing on the Evolution of Metro Nets: Understanding Multidimensional Ethernet, 2006
http://www.convergedigest.com/bp/bp1.asp?ID=388&ctgy=

[CHEK04] Checker, Ripin, MPLS Network Management,, 2004
www.mpls.jp/2004/presentations/mpls_management2.pdf

[CLER02] Clercq, J. De , Gastaud G. Nguyen, T., Ooms,D., Connecting IPv6 Islands across IPv4 Clouds with BGP, 2002 http://www.ietf.org/proceedings/02mar/I-D/draft-ietf-ngtrans-bgp-tunnel-04.txt

[DELA01]Deland, Debbie, TeleManagement Forum, "eTOM The Business Process Framework", 2001
www.tmforum.org/sdata/documents/TMFC678%20TMFC631%20GB921v2%5B1%5D.5.pdf

[DETK01] Detken, Kai-Oliver, Auf Umwegen zum Echtzeit-Internet -"Quality of Service" oder "Class of Service", 2001
http://www.tecchannel.de/netzwerk/networkworld/technologyupdate/403803/

[DETK05] Detken, Kai- Oliver, Ethernet Szenarien, 2005
http://www.decoit.de/cms/upload/pdf/NET042005_Ethernet.pdf

[DINE07] Dinesh, Mohan, Technical Specification MEF 17 - Service OAM Requirements & Framework – Phase 1, 2007
http://metroethernetforum.org/MSWord_Documents/MEF17.doc

[EASL07] Easley, Craig, Rajagopal, Ananda, External NNI Specification, 2007
http://metroethernetforum.org/PPT_Documents/20070926%2010-10%20ENNI%20Specification%20Initiative%20-%20Final.ppt

[EBER03] Eberlein, Dieter, Grobes Wellenlängenmultiplex, 2003
http://www.funkschau.biz/heftarchiv/pdf/2003/fs1603/fs0316038.pdf

[EPPE96] Eppele, Klaus, Virtuelle Netze, 1996 http://www.improve-mtc.de/Veroffentlichungen/VLANs/vlans.html

[EVAN01] Evans, Coline, "How Does the Current Standardisation Work Support the Business Case for Ethernet services ...", 2001, http://metroethernetforum.org/PPT_Documents/Marcus-Evans-Telecom-Jan-04.ppt

[FARR07] Farrel, Adrian, Kompella, Kireeti, Common Control and Measurement Plane WG (ccamp), 2007 http://www.ietf.org/ietf/03nov/ccamp.txt

[FINN06] Finlayson, Matthew, Harrison, Jon, Sugarman, Richard, VPN Technologies – A Comparision, 2006 www.dataconnection.com/network/download/whitepapers/vpntechwp.pdf

[FOIS06] Foisel, Hans-Martin ,Optical Internetworking Forum / OIF- ASON/GMPLS Inter-Domain Interfaces, Integration of Control and Data Plane Functions, 2006 http://oiforum.com/public/downloads/060322-ASON-GMPLS-InterDomainInterfaces-final.pdf

[FOIS06] Foisel, Hans-Martin, MUPBED: A Pan-European Multi-Domain and Multi-Layer ASON/GMPLS Test NetworkOIF Workshop, Athens, May 8th, 2006 http://www.oiforum.com/public/documents/MUPBED-Foisel.pdf

[FROS07] Frost & Sullivan, Carrier Ethernet Services Market in Europe, 2006

[FUJI04] o.V, FUJITSU NETWORK COMMUNICATIONS INC.A Layered Network Architecture and Implementation for Ethernet Services, 2004 http://www.fujitsu.com/downloads/TEL/fnc/whitepapers/layered_network_wp.pdf

[GERM07] Germer, Burkhard, Skalierbarkeit und einfacher Betrieb für das Ethernet, 2007 http://www.central-it.de/html/networking_kommunikation/6392249/index1.html

[GHAN05] Ghani, N.; Benhaddou, D.; Alanqar, W.; Amimireddygari, K.; Dandu, S., Dynamic shared Layer 1 VPN provisioning in next-generation SONET/SDH networks, 2005 http://ieeexplore.ieee.org/Xplore/login.jsp?url=/iel5/10216/32582/01523935.pdf

[GOLD06]Goldberg, Arie 5 Attributes of Carrier Ethernet & Industry Specifications, 2006 http://metroethernetforum.org/PPT_Documents/20070924%2009-40%20Introduction%20to%20Carrier%20Ethernet%20-%20Final.ppt

[GREE07] Green, Howard, Olsson, Jonathan, Saltsidis, Panagiotis, Carrier Ethernet: The native approach, 2007 http://www.ericsson.com/ericsson/corpinfo/publications/review/2007_03/files/3_CarrierEthernet.pdf

[GRIM07]Grimm, Christian, Rechznernetze, 2007 http://www.rrzn.uni-hanno-ver.de/fileadmin/ful/vorlesungen/rechnernetze_2/ss_07/Rechnernetze_II_9_SS07.pdf

[HAAS05] Haas, Walter, Möller, Klaus, Optische Netze mit Ethernet, 2005 http://www2.funkschau.de/heftarchiv/pdf/2005/fs17/fs_0517_s28.pdf

[HÄNS06] Hänsch, Stefan, Backbone Infrastruktur", 2006, http://www-kt.e-technik.uni-dortmund.de/seminar/sem2006/Vortrag10.ppt

[HAUG07] Haugh, Michael, Carrier Ethernet Access: Extending Ethernet Into the First, 2006
http://metroethernetforum.org/PPT_Documents/mef_carrier_ethernet_in_the_access_overview.ppt

[HAWK06] Hawkins, John, Mile, Ethernet Services - Core – Metro – Access, 2007
http://metroethernetforum.org/PPT_Documents/20070924%2010-20%20Carrier%20Ethernet%20in%20the%20Core%20Metro%20and%20Access%20-%20Final.ppt

[HELL05] Hellbrück, Horst, Betriebs- und Kommunikationssysteme, „Weitverkehrsnetze", 2005 http://www.itm.uni-luebeck.de/teaching/ws0506/bks/BKS-WS0506-Kap06-WANs.pdf?lang=de

[HERN06] Hernandez-Valencia, Enrique , Carrier Ethernet External Network to Network Interface (E-NNI), 2006
http://metroethernetforum.org/PPT_Documents/MEF_ENNI%20Overview_FINAL.ppt

[HERN08] Hernandez-Valencia, Enrique Modeling the E-NNI- According to MEF4/MEF12Version 3, 2008
http://www.metroethernetforum.net/apps/org/workgroup/technical/download.php?document_id=5507

[HETZ03] Hetzner Die Zukunft der IP VPNs, 2003,
www.hetzner.com/beer/pdf/expert/vpns.pdf

[HOMM06] Hommes, Ferdinand, Eisenblätter, Ursula, UNI and E- NNI Signalling,
http://www.oiforum.com/public/documents/VIOLA-Hommes.pdf

[HORN06] Horn, Werner, „Öffentliche Netze" 2006 http://www.tu-ilmenau.de/fakia/fileadmin/template/startIA/telematik/lehre/Oeffentliche_Netze_2006/Handouts/OeffNetze_SS_2006_61_80.pdf

[HUBB02] Hubbard, Tim, Optimizing Metro Ethernet, 2002
http://www.metroethernetforum.org/PPT_Documents/IIR-MEF-Barcelona-11-04-Optimizing-MENs.ppt

[HUSSA07] Hussain, Iftekhar, Understanding MPLS network components, 2007
http://searchtelecom.techtarget.com/tip/0,289483,sid103_gci1049111,00.html

[HUYN07] Huynh, Minh, Mohapatra, Prasant, Metropolitan Ethernet Network: A Move from LAN to MAN, 2007
http://www.cs.ucdavis.edu/~prasant/pubs/journal/MEN.pdf

[IHLE05] Ihlenfeld, Jens Metro Ethernet Forum kündigt Carrier Ethernet an - Carrier Ethernet als Schritt in Richtung ultimatives Breitband
http://www.golem.de/0504/37456.html

[ITU03], Übersicht Standards des "Optischen Transport Netzwerkes" (OTN), 2003
http://www.itu.int/ITU-T/studygroups/com15/otn/transport.html

[ITUOTN] o.V., OTN - Ethernet Frames over Transport, 2004 http://www.itu.int/ITU-T/2001-2004/com15/otn/ethernet_frame.html

[ITZH05] Itzhar, Orit, Migration from SONET/SDH to Carrier Ethernet In Metropolitan Area, 2005 http://www.atrica.com/body/products/whitepapers/NG_SDH_to_OE.pdf

[IXIA07] IXIA, Carrier Ethernet – Overcoming Challenges of Carrier Ethernet Services, 2007 http://www.ixiacom.com/pdfs/library/brochures/carrier_ethernet_brochure.pdf

[JAIN2004] Jain, Raj, IP over DWDM, 2004 http://www.cs.wustl.edu/~jain/cis788-99/ftp/h_aipwd.pdf

[JUNI07]Firma Juniper, Ethernet over MPLS, 2007 http://sabb2006.tninternational.com/presentations/JuniperPanda.ppt

[KAFK08] Kafka, Gerhard, Die LAN-Technologie Ethernet punktet zunehmend auch im WAN, 2008 http://www.searchnetworking.de/themenbereiche/standards-und-protokolle/ethernet/articles/109023/

[KASI07] Kasim, Abdul, Carrier Ethernet, 2007 http://media.techtarget.com/searchTelecom/downloads/Carrier_Ethernet_Chapter_2.pdf

[KIRS05]Kirste, Thomas, Rechnernetzte – Übertragunsmedium 2005 http://www.informatik.uni-rostock.de/mmis/courses/ws0506/23014/03-media.pdf

[KLESS06] Klessig, Bob, Technical Specification, 2006, http://metroethernetforum.org/MSWord_Documents/MEF10.1.doc

[KLESS06a]Klessig, Bob, Florit, Lionel, Bjorman, Bill, Alesi, Vin, Generalizing the Service Attributes for E- NNI, 2008 http://www.metroethernetforum.net/apps/org/workgroup/technical/download.php/3589/Generalized%20ESA%200927.ppt

[KLESS07] Klessig, Bob, External NNI (Technical Specification Phase 1 – Draft 3.1.1, 2007 http://www.metroethernetforum.net/apps/org/workgroup/technical/-download.php/4755/SB00127

[KNOL07]Knoll, Martin, MPLS / BGP neue Wege bei der QoS- Signalisierung, 2007 www.infotech.tu-chemnitz.de/~itg/fg523/oeffentlich/07maerz/Vortrag_MPLS_BGP_Knoll.pdf

[KOMP07 Kompella, K. Layer 2 Virtual Private Networks Using BGP for Auto-discovery and Signaling, 2007 http://tools.ietf.org/html/draft-kompella-l2vpn-l2vpn-02

[KRAU05] Krauser, Jürgen ,Brückner, Volkmar ,Photonische Netze mit Terabit pro Sekunde, 2005, http://www.hft-leip-zig.de/deutsch/hauptnavigation/06_forschung_und_partner/04_projekte/photonische_netze/photonische_netze.php

[LACY03] Lacy, Sarah, Migration from SONET/SDH to Carrier Ethernet In Metropolitan Area, 2003 http://www.atrica.com/landing.php?page=13a4

[LAKS05] Lakshman, Umesh, MPLS Configuration on Cisco IOS Software, 2005 http://fengnet.com/book/IOS_MPLS/ch14lev1sec9.htm

[LASS07]Lasserre, Kompella, Virtual Private LAN Service (VPLS) Using Label Distribution Protocol (LDP) Signaling, 2007 http://tools.ietf.org/html/rfc4762

[LEHM04] Lehman, Tom, IP Control Plane (GMPLS, MPLS, RSVP, QOS, Inter-domain Signaling/Routing) -Application to Next Generation Peering and Disaster Recovery, 2004 www.nitrd.gov/subcommittee/lsn/jet/conferences/20040413-/jetroadmapworkshop38.pdf

[LEHM07] Lehman, Tom, Hybrid Network Control Plane Interoperation Between Internet2 and ESnet, 2007, https://wiki.internet2.edu/confluence/download/attachments/15055/2007-july-17-hybridnet-controlplane-interdomain.ppt?

[LEISC07] Leischner, Martin, Virtuelle Private Netze (VPNs), 2007 www.leischner.inf.fh-bonn-rhein-sieg.de/lehre/07ws/sine/sine04.pdf

[LEVE07] o.V., Level (3) Communications GmbH, Metro Private Line, 2007, interne Quelle

[LIPP06] Lipp, Manfred, VPN- Virtuelle Private Netzwerke - Kapitel 3: Tunneling http://www.pearson.ch/download/media/9783827326478_SP.pdf

[MARTl06] Martini, L., Rosen E., Aawar, N. El, Smith, T., Heron, G. Pseudowire Setup and Maintenance using the Label Distribution Protocol (LDP), 2006 http://www.ietf.org/rfc/rfc4447.txt

[MCSW06] McSweeney, Tim, VPLS for Carrier Ethernet Services, 2006 http://www2.garr.it/ws7_slide/cisco.pdf

[MEF] Metro Ethernet Forum, MEF Technical Specifications, ohne Datum http://metroethernetforum.org/page_loader.php?p_id=29

[MEF_S] Metro Ethernet Forum, Ethernet Services Definitions – Phase 2 http://www.metroethernetforum.net/apps/org/workgroup/technical/download.php?document_id=5441

[MEF08] Metro Ethernet Forum, An Overview of the work of MEF, 2008 http://www.metroethernetforum.org/PPT_Documents/AnOverviewoftheMEF.ppt

[MEF11] Talese, Justin, Technical Specification MEF 11 User Network Interface (UNI) Requirements and Framework, 2004 http://www.metroethernetforum.org/MSWord_Documents/mef11.doc

[MEF11a] Fishburn, Mark, Overview of MEF11, 2002 http://www.metroethernetforum.org/PPT_Documents/Overview_of_MEF_11.ppt

[MEF12] Metro Ethernet Forum, MEF 12: MEN Architecture Framework - Part 2: Ethernet Services Layer, 2005 http://www.metroethernetforum.org/MSWord_Documents/MEF12.doc

[MEF13] Mandeville,B. , Technical Specification MEF 13 User Network Interface (UNI) Type 1 -Implementation Agreement, 2005
http://www.metroethernetforum.org/MSWord_Documents/MEF13.doc

[MEF13a] Fishburn, Mark, User Network Interface (UNI) Type 1 Implementation Agreement
http://www.metroethernetforum.org/PPT_Documents/Overview_of_MEF_13.ppt

[MEF3] Metro Ethernet Forum, MEF 3 - Circuit Emulation Service Definitions, Framework and Requirements in Metro Ethernet Networks, 2004
http://metroethernetforum.org/PDFs/Standards/MEF3.pdf

[MEF4] Metro Ethernet Forum, MEF4 - Metro Ethernet Network Architecture Framework - Part 1: Generic Framework, 2004
http://www.metroethernetforum.org/PDFs/Standards/MEF4.pdf

[MEF4a] Metro Ethernet Forum, MEF4 – Overview of MEF 4
http://www.metroethernetforum.org/PPT_Documents/Overview_of_MEF_4.ppt

[MEF6] Ethernet Services Definitions - Phase I, 2002
http://www.metroethernetforum.org/MSWord_Documents/MEF10.1.doc

[MEF6a] Fishburn, Mark, Ethernet Services Attributes Phase I, 2004
http://www.metroethernetforum.org/PPT_Documents/OverviewofMEF6and10point1.ppt

[MEFGL] Metro Ethernet Forum, Glossar, ohne Datum
http://metroethernetforuem.org/page_loader.php?p_id=147

[MEFIA2], Metro Ethernet Forum, Ballot Details for Straw Ballot on UNI Type 2 Implementation Agreement, 2007
http://www.metroethernetforum.net/apps/org/workgroup/technical/download.php/5143/D00054_007.17017_000_UNI-Type2-IA-0.3_Davari.doc

[MEFIN] Metro Ethernet Forum, An Introduction to the work of the MEF, 2006
http://metroethernetforum.org/PPT_Documents/Introduction_to_the_MEF.ppt

[MELL05] Melle, Serge, Optikintegration vereinfacht den Netzaufbau, 2005
http://www.netigator.de/netigator/live/fachartikelarchiv/ha_artikel/powerslave,pid,archiv,id,30551866,obj,CZ,np,archiv,ng,,thes,.html

[MENE02] Menezes, Pascal , Private Network to Network Interface (P-NNI) - Label Distribution Protocol (LDP) -Pseudo Wire (PW) Signaling, 2002
http://www.metroethernetforum.net/apps/org/workgroup/technical/download.php?document_id=417

[MENE2002] Menezes, Pascal, Network Interworking NNI MPLS Implementation Agreement, 2002
http://www.metroethernetforum.net/apps/org/workgroup/technical/download.php?document_id=288

[MOHA06] Mohan, Dinesh, NGN OAM Capabilities, 2006 www.itu.int/ITU-T/worksem/ngn/200604/presentation/s3_mohan.pdf

[MÜLL03] Müller Bruno, Beck, Philipp, Einführung in die Technik von VLANs & 802.1 Q / P Frame, 2003
http://www.2cool4u.ch/networks/vlan_802frame/VLAN_802frame.pdf

[NADE06] Nadeau, T., Otani, T., Brungard, D., Farrel, A., OAM Requirements for Generalized Multi-Protocol Label Switching (GMPLS) Networks, 2006, draft-ietf-ccamp-gmpls-oam-requirements-00.txt

[NOGU02] Noguer, David, Optimizing Metro Ethernet Deployments
http://www.metroethernetforum.org/PPT_Documents/IIR-MEF-Barcelona-11-04-Optimizing-ME-Deployments.ppt

[NORTE07]o.V, Firma Nortel, Service delivery technologies for Metro Ethernet Networks, 2007 www.nortel.com/solutions/optical/collateral/nn105600.pdf

[o.V.] o.V. , Burstable Billing, ohne Datum
http://en.wikipedia.org/wiki/Burstable_billing

[o.V.] OTU, Optische Transport Einheit, ohne Datum
http://www.itwissen.info/definition/lexikon//_OTUOTU_OTUoptical%20transport%20unitOTU_OTUOptische%20Transporteinheit.html

[o.V._VC] Virtual Circuit, ohne Datum http://www.itwissen.info/?id=31&ano=01-008429

[o.V.04] [10] o.V. Enterprise Ethernet Services Ethernet Over Dark Fiber NOVEMBER 23, 2004
http://www.lightreading.com/document.asp?doc_id=62059&page_number=4&image_number=1

[o.V.07] Business Process Framework Documents, 2007
http://www.tmforum.org/TechnicalPrograms/BusinessProcessFramework/1649/Home.html

[OCON07] O´Connor, Don, MPLS Access Aggregation in ROADM-. based Optical Networks, 2007
www.isocore.com/mpls2007/cd/Presentations/311%20Don%20OConner.pdf

[OTAN07] Otani, T., Guo, H., Miyazaki, K., Caviglia, Diego, Generalized Labels of Lambda-Switching Capable Label Switching Routers (LSR), 2007
http://tools.ietf.org/id/draft-otani-ccamp-gmpls-lambda-labels-01.txt

[OULD05] Ould-Brahim, Hamid ;Farrel, Adrian; Takeda, Tomonori, Layer 1 Virtual Private Networks (l1vpn), 2005, http://www.ietf.org/proceedings/05nov/l1vpn.html

[PANZ06] Panza, Gianmarco; Nenov, Cecilia; Bigini, Glauco, Transporting Ethernet Services in Metropolitan Area Networks (MANS), 2006
http://ieeexplore.ieee.org/Xplore/login.jsp?url=/iel5/9669/30551/01409087.pdf?arnumber=1409087

[PAPA05] Papadimitriou Dimitri, Dotaro Emmanuel, Vigoureux, Martin, Ethernet Layer 2 Label Switched Paths (LSP), 2005
http://ieeexplore.ieee.org/Xplore/login.jsp?url=/iel5/9789/30874/01431665.pdf?arnumber=1431665

[Payne07] Payne, Sean, Ethernet Private Line- Deployment at a Glance Version 2.1, 2007, interne Quelle

[PEPE07] Peplnjak, Ivan, Making the case for Layer 2 and Layer 3 VPNs, 2007
http://searchtelecom.techtarget.com/tip/0,289483,sid103_gci1283537,00.html

[PEPE07a] Pepelnjak, Ivan10 MPLS traffic engineering myths and half truths, 2007
http://www.searchnetworking.com.au/topics/article.asp?DocID=6101034&NodeID=299277

[PERR05]Perros,H., Connection Oriented Networks - SONET SDH ATM MPLS and Optical Networks, ISBN: 9780470021637, 2005

[PERR05a] Perros, Harry, Connection-Oriented Networks, Kapitel 9: Wavelength Routing Optical Networks, http://www4.ncsu.edu/~hp/Chapter9.pdf

[PILC06]Pilcher, Olaf, Ethernet mit MPLS, 2006
http://www.funkschau.de/heftarchiv/pdf/2006/fs_0618/fs_0618_s30.pdf

[PLAT03] Plate, Jürgen, Grundlagen der Netzwerktechnik, 2003
http://www.2cool4u.ch/networks/grundlagen_netzwerke/grundlagen_netzwerke.pdf

[POUN03] Poundeu, Fabrice, eTOM Überblick, 2003
http://www.nm.ifi.lmu.de/teaching/Seminare/2003ws/itiletom/ausarbeitungen/etom_1_ausarbeitung.pdf

[RATT07] Ratterree, Gary, Metro Network Strategy Version – Metro Ethernet Digital Cross Connect (DCS), Interne Level 3 Quelle, Metro Strategy v9.pdf , 2007

[RIGG04] Riggert, Wolfgang, Frame Relay, 2004 http://www2.wi.fh-flensburg.de/wi/riggert/Netzwerke/CCNA4-Frame-Relay.pdf

[RIGG05] Riggert, Wolfgang, VLAN (Virtual LAN) 2005 http://www2.wi.fh-flensburg.de/wi/riggert/Netzwerke/CCNA3-VLAN.pdf

[ROSE06] Rosen, E., BGP/MPLS IP Virtual Private Networks (VPNs)February 2006
http://www.faqs.org/rfcs/rfc4364.html

[ROSE06a] Rosen, E., Luo, W. Davie, B., Provisioning, Autodiscovery, and Signaling in L2VPNs, 2006, http://ietfreport.isoc.org/ids/draft-ietf-l2vpn-signaling-08.txt

[ROSS07] Rossenhoevel, Carsten, Straw Ballot for the E-NNI Abstract Test Suite, 2007
http://www.metroethernetforum.net/apps/org/workgroup/technical/download.php/4483/22015_000_EANTC-ENNI-ATS_Rossenhoevel.doc

[ROSS08] Rossenhövel, Carsten, Carrier Ethernet Standards Update, 2008
http://metroethernetforum.org/PPT_Documents/MEF_MPLSWC_Standards_Update_FINAL.ppt

[RUHM06] Ruhmann, Jörg, Tran Lou, DTN Digital Node and IQ NOS, 2006

[SANC07] Sanchez, Oscar, Carrier Ethernet 2007
http://www.ixiacom.com/pdfs/library/white_papers/carrier_ethernet.pdf

[SANT06] Santitoro, Ralph, Metro Ethernet Services – A Technical Overview, 2006
http://metroethernetforum.org/PDF_Documents/metro-ethernet-services.pdf

[SCHO07] Scholz, Uwe, Qualitätskontrolle im WAN, 2007
http://www.networkcomputing.de/nwc/home/artikel/article/qualitaetskontrolle-im-wan/

[SCHU01] Schultz, Stefan, SDH Taschenbuch, 2001
www.lkn.ei.tum.de/lehre/pra/sdh_Taschenlexikon_deutsch.pdf

[SCHU03] Schulte, Wolfgang, Spanning Tree, 2003
http://funkschau.de/heftarchiv/pdf/2003/fs1603/fs0316055.pdf

[SCHU04] Schulte, Wolfgang, „Ethernet erweitert" Virtuelle private LAN-Dienste helfen Providern beim Übergang von lokalen zu Metro- und Weitverkehrsnetzen, 2004 http://www.net-im-web.de/pdf/2004_05534.pdf

[SEGE02] Seger, Jörn, Multiprotocol Label Switching - Grundlagen für Quality of Service http://www.kn.e-technik.uni-dortmund.de/content/Mitarbeiter/Seger/MPLSGrundlagen.ppt

[SHAY03] Shayman, Mark, Advanced Network Architectures, 2003
http://www.ece.umd.edu/~shayman/enee426F05.d/LGW2EChapter10Presentation_MPLS.ppt

[SIKO02] Sikora, Axel 2002
www.tecchannel.de/ueberblick/archiv/401864/index10.html

[SKOO02] Skoog, Ronald, Gigabit Ethernet: Is it a disruptive technology ? 2002
http://www.umiacs.umd.edu/docs/UMd_Seminar_GbE_040102.pdf

[SMAL06] Small, Alistair, 2"Level 3 EU- Network: Network Fundamentals", 2006, interne Quelle

[SNOE99] Snoeren, Alex C., Adaptive Inverse Multiplexing for Wide Area Networks, 1999 http://nms.csail.mit.edu/~snoeren/talks/gi99/gi99.PPT1

[SODD03] Sodder, Arnold, Hierarchical LAN Services -Providing Scalability inL2 Virtual Private Networks by using a MAC-n-MAC Frame Encapsulation and a Larger Service-tag, 2003
http://www.ieee802.org/1/files/public/docs2003/ieee_0108_mac_in_mac_with_big_service_tags_00.pdf

[SPRE07] Sprengel , Daniel; Prauschke, Andreas; Meyer, Markus, Metro Ethernet, 2007

[STEI06] Stein, Yaakov (J),PWE + VPLS, 2006
www.dspcsp.com/lectures/PWE+VPLS.ppt

[STUP05] Stuphorn, Jörn, Einführung zu Bridging, Routing, Spanning Trees, Cisco IOS, 2005 http://www.rvs.uni-bielefeld.de/lectures/LDK/S05/06_bridging.pdf

[STUR02] Sturm, Marina, VPN Sicherheit, 2002 http://www8.in.tum.de/teaching/WS02/security/securityUeb/05ausarbeit.pdf

[SUMM07], Summerhill, Rick, Hybrid Networking: Providing IP and Circuit Services on the Internet2 Network, 2007 http://www.merit.edu/events/mjts/pdf/20071002/Summerhill_I2_MJTS_20071002.pdf

[TAKE08] Takeda, Tomonori,Applicability Statement for Layer 1 Virtual Private Networks (L1VPNs), 2008 http://www.ietf.org/internet-drafts/draft-ietf-l1vpn-applicability-basic-mode-04.txt

[TALE05] Talese, Justin, Metro Ethernet Network Architecture Framework -Part 2: Ethernet Services Layer, 2005 http://www.metroethernetforum.org/MSWord_Documents/MEF12.doc

[TELE06] TeleManagement Forum, EnhancedTelecom Operations Map (eTOM) – Business Process Framework Release 6.0, 2006 http://www.amdocs.com/amdocscom/post/doc/etom6.pdf

[THOM02]Thomé, Daniel, Die synchrone digitale Hierarchie - synchronous digital hierarchy (SDH), 2002 http://www.belwue.de/ueberuns/netz/sdh-betrieb/informationen.html

[TOMS07]Tomsu, Peter, Behringer, Michael Morrow, Monique, MPLS VPN Security in Service Provider Networks, 2007 http://www.apricot.net/apricot2007/presentation/conference/security_stream/Apricot-MPLS_Security.pdf

[TRAU04] Trauter, Bastian, WDM- Komponenten und System, 2004 http://sus.ti.uni-mannheim.de/Lehre/Seminar0304/trauter.pdf

[TRYA02] Tryar, Tobey Network Performance (IP(Optical) – IP/Potical Performance Management, 2002 www.itu.int/itudoc/itu-t/workshop/optical/s11amp03_pp7.ppt

[VARM06] Varma, Eve Reference Material ITU-T ASON and Transport Recommendations, 2006, www.oiforum.com/public/documents/Ref-Material-ITU-T.ppt

[VUSI07] Vusirikala ,Vijay, Liou, Chris, GMPLS- Intelligenz in optischen Netzwerken, 2007 www.infinera.com/pdfs/news/german/Telekom_Praxis.pdf

[WANG] Wang, Shie-Yuan, Ethernet, Fast Ethernet, and Gigabit Ethernet, ohne Datum www.csie.nctu.edu.tw/~shieyuan/course/hsn/lectures/hsn01.ppt

[WARD07] Ward, Robert, Ethernet Private Line - High Level Design Issue 2.1 , 2007, interne Quelle

[WEIBE06]Weibel, Stefan, Lustenbergern Maik, Wieser, Roman, Metro Ethernet, 2006 www.csg.uzh.ch/teaching/sso6/comsys/extern/talk4.pdf

[XIAO04]Xiao, X., McPherson, Ed., Pate, P., Requirements for Pseudo-Wire Emulation Edge-to-Edge (PWE3), 2004 http://www.ietf.org/rfc/rfc3916.txt

[XIE02] Xie, Dawn, Fendick Kerry, Bi-directional LSP For Classical MPLS, 2002
www.ietf.org/proceedings/02nov/slides/pwe3-5/pwe3-5.ppt

[ZEUN07] Zeuner, Bernd, Lehr, Georg, ASON - Current Status of Standardization Work -Global Interoperability in Multi-Domain and Multi-Layer ASON/GMPLS Networks, 2007 http://www.ist-mupbed.org/ECOC07/pdfs/Georg-ECOC-Workshop_ASON_V02.pdf

[ZITT06] Zitterbart, Martina, . Metro Ethernet, 2006
www.tm.uka.de/itm/uploads/folien/143/hlk05-MetroEthernet-2upnote-space.pdf

[ZÖNN05]Zönnchen, Markus, Pogrzeba, Loreen, Virtual Privat Network 2005
http://www.loreen-im-leben.de/studium/sem3/rnks/vpn.pdf